_ _ _ _ B _ _ _ _ _ C _ _ _ H _ _ _ _ E _ _ I _ _ _ _ B

spielen und lernen Jahrbuch '84

Dieses Buch gehört:

Meine Seite

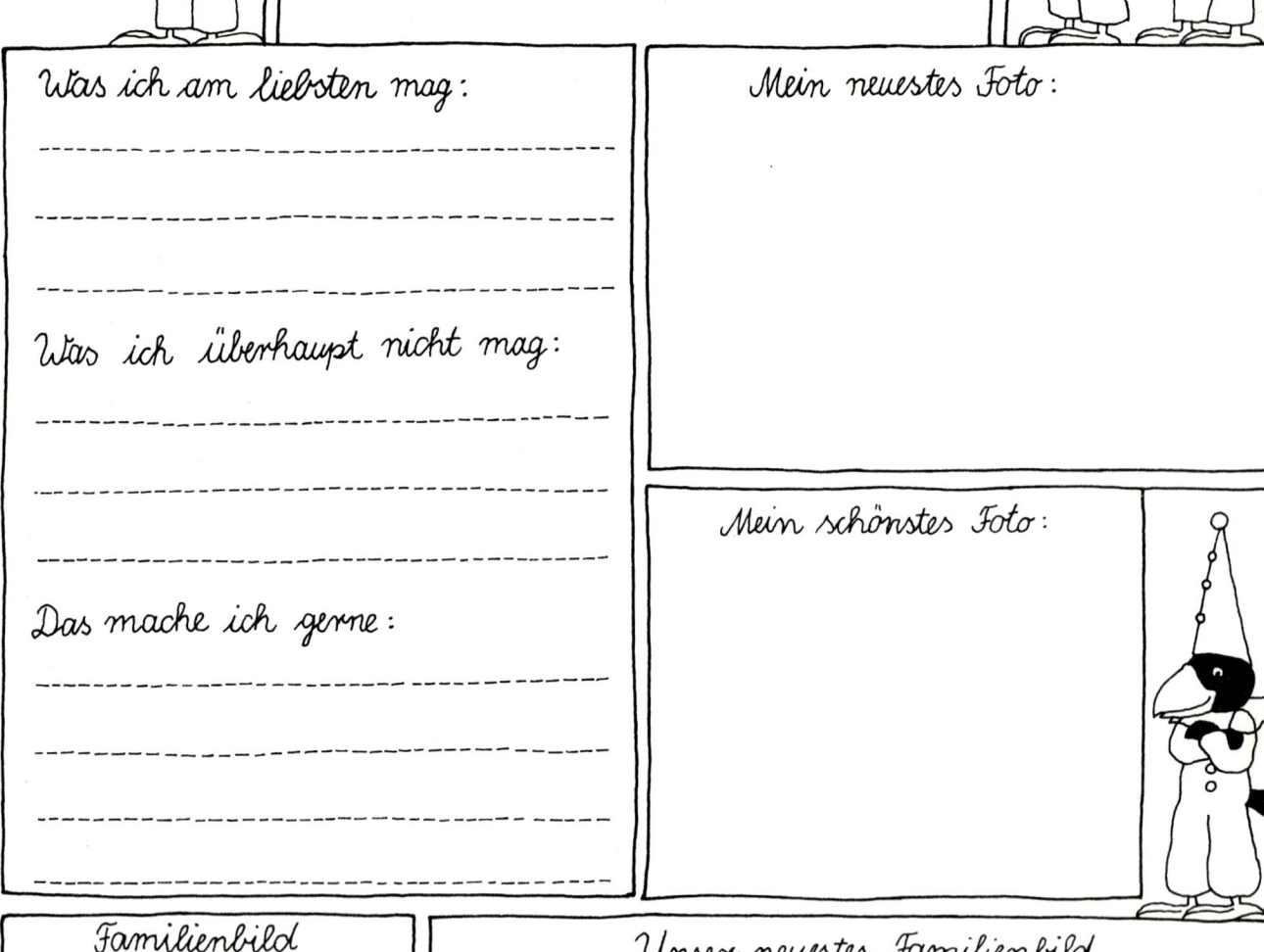

Was ich am liebsten mag:

Was ich überhaupt nicht mag:

Das mache ich gerne:

Mein neuestes Foto:

Mein schönstes Foto:

Familienbild

Unser neuestes Familienbild

(oder ein Bild mit deinen Freunden)

Ich:

Name

Wohnort

Alter (oder sonst was Wichtiges)

JANUAR

Wenn du draußen keinen Schneemann bauen kannst, dann mal dir einen. Es kann auch ein Schneetier sein – aus Zeitungspapier.

Es ist soweit, es hat geschneit!

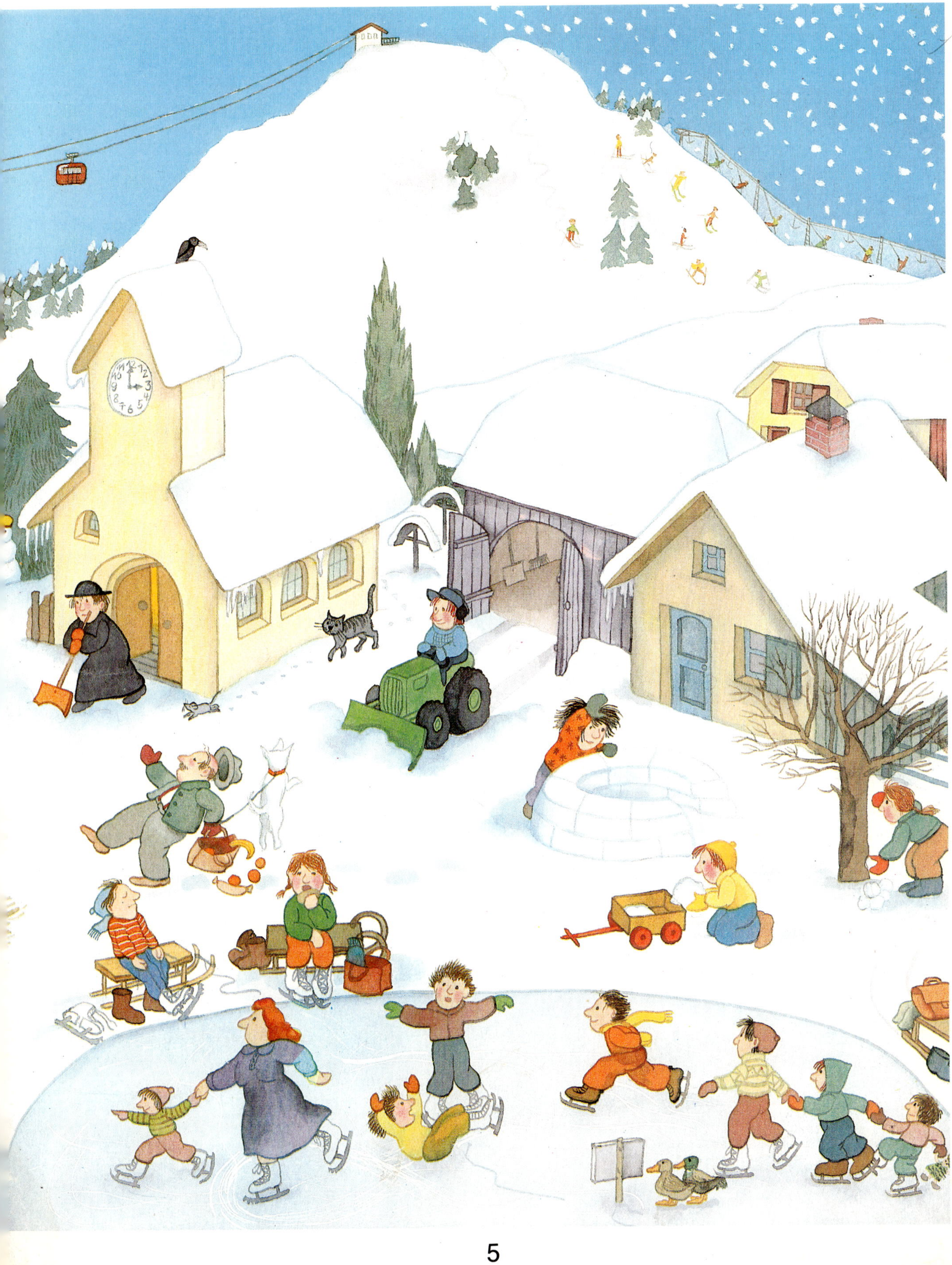

Doktor Allwissend

Brüder Grimm

Es war einmal ein armer Bauer, der hieß Krebs. Mit zwei Ochsen fuhr er Heu in die Stadt und verkaufte es für zwei Taler an einen Doktor.

Als ihm das Geld ausgezahlt wurde, saß der Doktor gerade bei Tisch. Da sah der Bauer, wie gut der Doktor aß und trank. Er bekam Appetit und wäre auch gern ein Doktor gewesen. So fragte er denn, wie er wohl ein Doktor werden könne.

»O ja«, sagte der Doktor, »das ist nicht schwierig.«

»Was muß ich tun?« fragte der Bauer.

»Zuerst kaufe dir ein ABC-Buch. Zweitens mache deinen Wagen und deine Ochsen zu Geld. Damit schaffe dir eine Doktorbrille an, und was sonst noch ein Doktor so braucht.

Drittens lasse dir ein Schild mit der Aufschrift Doktor Allwissend malen und an deine Haustür nageln.«

Der Bauer tat alles, was ihm geraten wurde. Als er nun ein wenig gedoktert hatte, wurde einem reichen Mann Geld gestohlen.

Dem Manne kam zu Ohren, im Dorf lebe ein Doktor Allwissend. Der müsse auch wissen, wo das Geld hingekommen sei. Da ließ der Herr seinen Wagen anspannen, fuhr zu ihm ins Dorf und fragte: »Bist du der Doktor Allwissend?«

»Ja, der bin ich.«

»Dann geh mit und beschaffe mir das gestohlene Geld wieder.«

»Gern, aber die Grete, meine Frau, muß auch mit.«

Der Reiche war einverstanden und sie fuhren zusammen weg. Als sie auf das Gut kamen, war der Tisch gedeckt, und der Doktor Allwissend sollte mitessen. »Gern, aber meine Frau Grete auch«, sagte er und setzte sich mit ihr an den Tisch.

Als nun der erste Diener mit einer Schüssel leckerem Essen kam, stieß der Bauer seine Frau an und sagte: »Grete, das ist der erste.« Er meinte damit, es sei der Diener, der den ersten Gang brachte. Der Diener aber meinte, er hätte damit sagen wollen: Das ist der erste Dieb. Und weil er das wirklich war, wurde ihm angst und bange, und draußen sagte er zu den anderen Dienern: »Der Doktor weiß alles! Es sieht übel aus. Er hat gesagt, ich sei der erste.«

Der zweite wollte gar nicht erst hinein, aber er mußte wohl oder übel. Als er nun mit seiner Schüssel hereinkam, stieß der Bauer seine Frau an: »Grete, das ist der zweite.«

Da wurde auch diesem Diener angst, und er machte, daß er hinauskam. Dem dritten ging es nicht besser. Der Bauer sagte nur: »Grete, das ist der dritte.«

Der vierte mußte eine verdeckte Schüssel hereintragen. Der Reiche sprach zum Doktor: »Zeige mal deine Kunst und rate, was darunter liegt.«
Es waren Krebse. Der Bauer sah die Schüssel an, wußte nicht, wie er sich helfen sollte, und sagte laut zu sich: »Armer Krebs!« Denn er hieß ja Krebs. Als der Reiche das hörte, rief er: »Da, er weiß es! Dann weiß er auch, wer das Geld hat.«
Der Diener bekam es mächtig mit der Angst, er blinzelte dem Doktor zu, doch einmal hinauszukommen. Als er nun hinauskam, gestanden sie ihm alle vier, daß sie das Geld gestohlen hätten. Gern wollten sie es hergeben und noch eine hohe Summe dazu, wenn er sie nur nicht verriete. Denn dann ginge es ihnen an den Kragen. Sie führten ihn auch dahin, wo sie das Geld versteckt hatten. Der Doktor war damit zufrieden. Er ging wieder hinein, setzte sich an den Tisch und sprach: »Herr, nun will ich in meinem Buch suchen, wo das Geld steckt.«
Der fünfte Diener aber war in den Kamin gekrochen und wollte hören, ob der Doktor noch mehr wüßte. Der schlug aber sein ABC-Buch auf, blätterte hin und her und suchte einen Spruch. Weil er ihn nicht gleich finden konnte, sagte er geheimnisvoll: »Ich weiß, daß du drin bist. Also mußt du auch heraus!«
Da glaubte der Mann im Kamin, er wäre gemeint, sprang voller Schrecken heraus und rief: »Der Mann weiß alles!«
Nun zeigte der Doktor Allwissend dem reichen Mann, wo das Geld lag, sagte ihm aber nicht, wer es gestohlen hatte.
So bekam der Doktor Allwissend von beiden Seiten viel Geld zur Belohnung und wurde ein berühmter Mann.

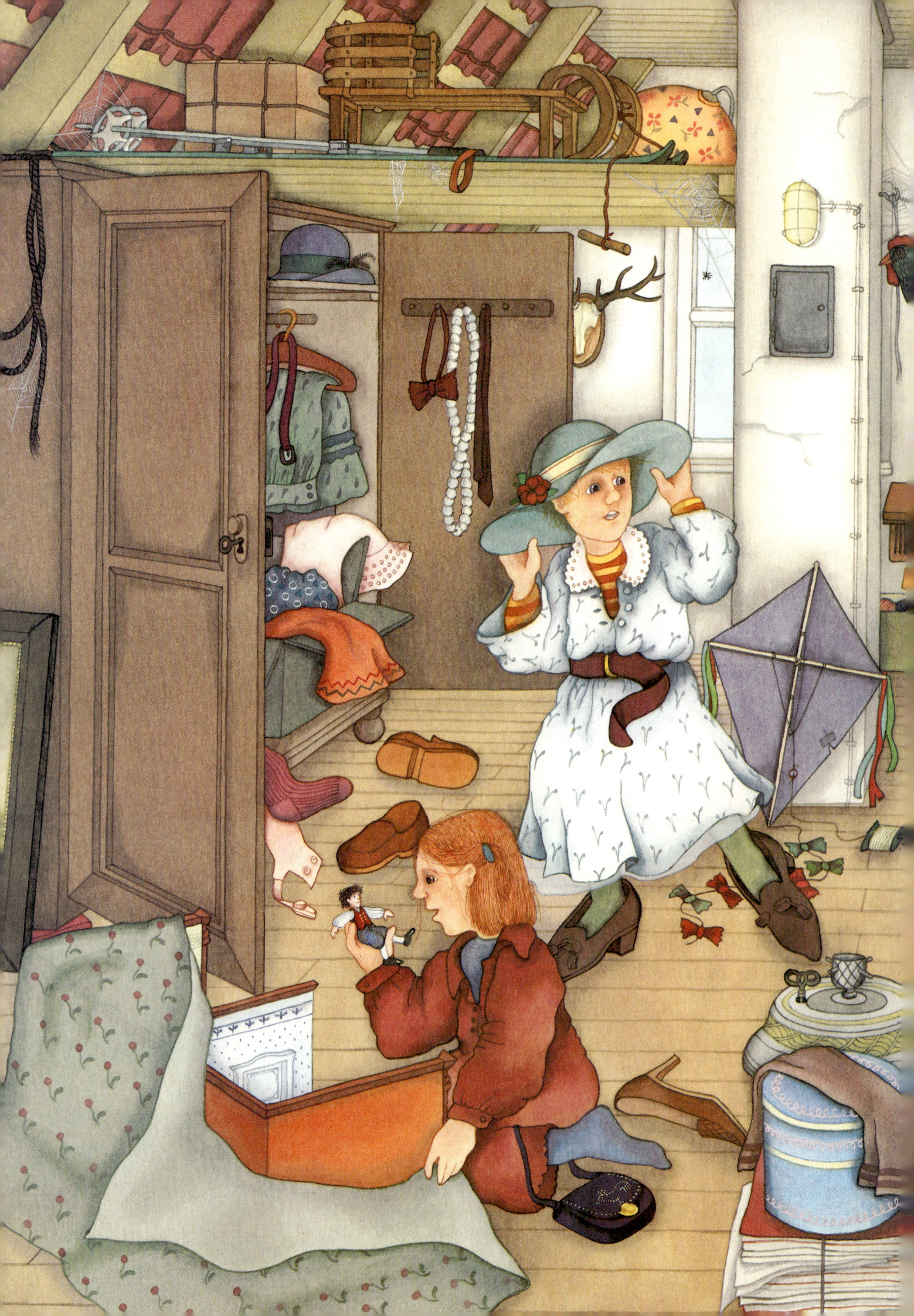

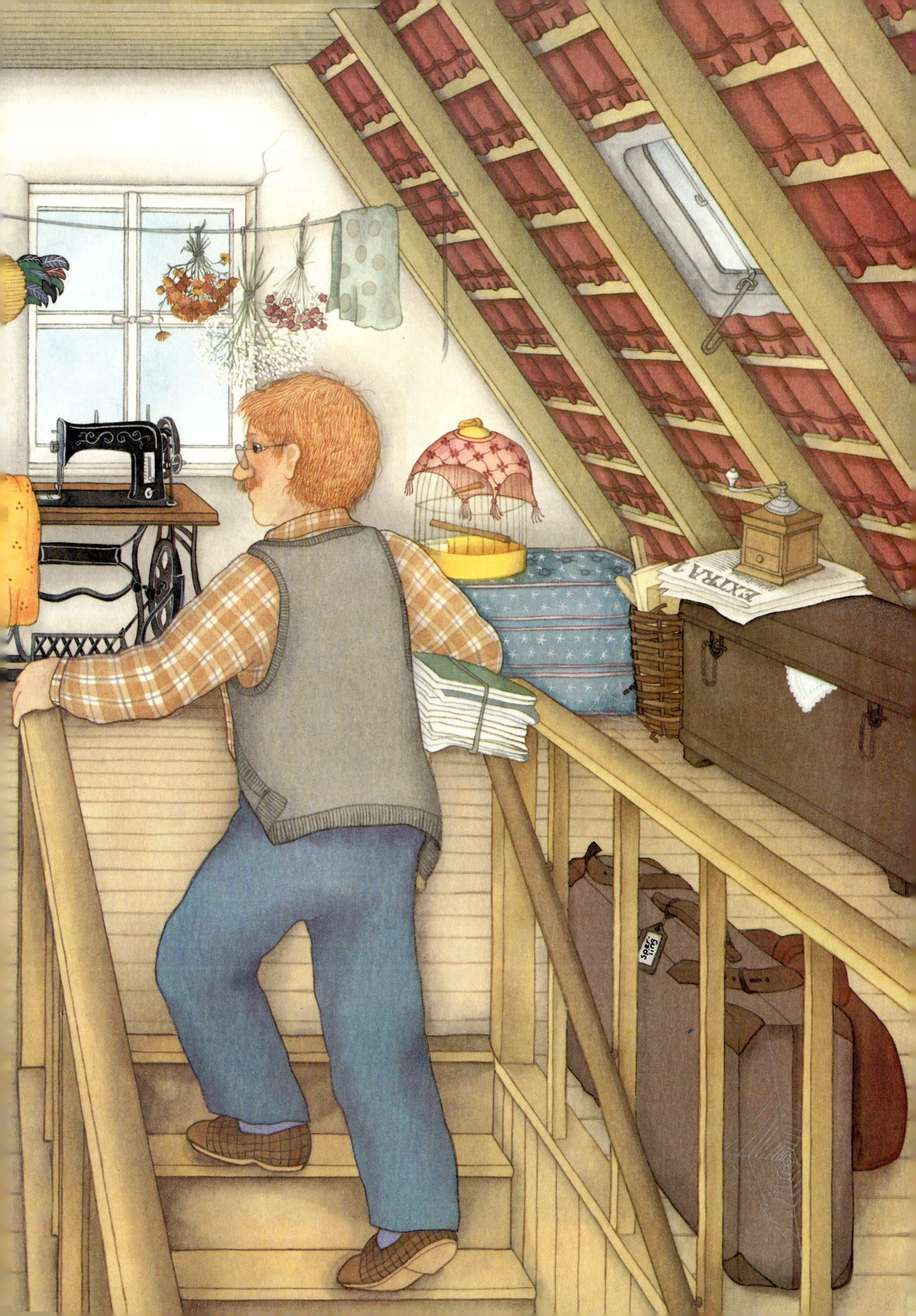
EXTRA !
Sper-
ling

Tief in meinem Kuschelnest

Abends kriech ich wie die Schnecke tief in meine Federdecke. Was ich mir allein aushecke, wenn ich mich dort ganz verstecke, weiß nur ich, nur ich allein. Es soll mein Geheimnis sein.

2. Tief in meinem Kuschelnest
denk ich, was sich denken läßt.
Stimmenklang und Wörterrest
Lachen auch vom Kinderfest.
Hör nur ich, nur ich allein
es soll mein Geheimnis sein

3. Bilder tanzen wie gedruckt,
Fersehn hat sie ausgespuckt
von Verbrechern was geguckt,
sprech und spiel, was ich geschluckt.
Spiel und sprech für mich allein,
es soll mein Geheimnis sein.

4. Träume schleichen katzensacht,
tief in meine Kuschelnacht.
Alles ist jetzt ausgedacht,
hab die Augen zugemacht.
Mama kommt zu mir herein
schmus mit ihr, dann schlaf ich ein.

Würfel-Zauber-Verse

Hirsche und Schweine
haben vier Beine.
Mein Goldfisch hat keins –
ich will eine EINS!

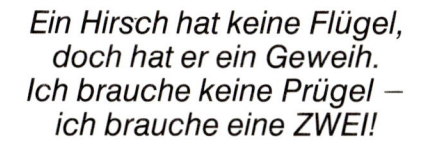

Ein Hirsch hat keine Flügel,
doch hat er ein Geweih.
Ich brauche keine Prügel –
ich brauche eine ZWEI!

Sieben Hornissen
fliegen verbissen
um meinen Brei.
Ich brauch eine DREI!

Trinkt meine Katze abends
mehr als ein Gläschen Bier,
so kriegt sie einen Kater.
Und ich, ich krieg die VIER!

Nicht aus jedem Vogelei
entschlüpft ein schöner Pfau.
Doch meine Zahl, das ist die FÜNF,
das weiß ich ganz genau!

Tropft Farbe vom Pinsel,
dann gibt's einen Klecks.
Ich will keine EINS,
ich will eine SECHS!

Die Rodelpartie

*Was zappelt dort so wild im Schnee
und streckt die Schischuh' in die Höh'?*

*Da fährt ein Schlitten ganz allein.
Wo mag denn nur der Martin sein?*

*Zieht einmal fest an diesen Beinen,
ich glaub', ich hör' da etwas weinen.*

*Schaut an, da kommt ein Schneemann raus
und sieht fast wie der Martin aus.*

*Klopft ihm den Schnee aus seiner Jacke,
wischt ihm die Tränen von der Backe,*

*sonst wachsen ihm noch unterm Kinn
Eiszapfen bis zum Nabel hin.*

Richard Bletschacher

Schneehase

Nur im Winter in Gebieten, in denen immer Schnee fällt, hat der Schneehase ein so dichtes weißes Fell. Das schützt ihn gegen die Kälte auf den Bergen und vor Feinden, denn mit seinem weißen Fell kann man ihn im Schnee kaum erkennen. Er kann schnell über den Schnee laufen und seine Haken schlagen, ohne dabei einzusinken; seine Pfoten sind breiter und größer als die eines gewöhnlichen Feldhasen. Wie die Feldhasen hat er im Sommer auch ein graubraunes Fell. Die Ohrenspitzen bleiben immer dunkel. Schneehasen leben im Sommer in großen Höhen auf den Bergen, bis zu 3400 Meter hoch. Im Winter ziehen sie weiter ins Tal bis auf 600 Meter hinab.

Die Geschichte vom Wintermond

Vor langer Zeit leuchtete der Mond in der Nacht ganz alleine am Himmel. Um ihn herum war alles schwarz und dunkel. Es war kein einziger Stern zu sehen, weil es nämlich noch keinen gab.

In einer Dezembernacht aber war es draußen einmal bitterkalt, so eisigkalt, wie es schon seit langem nicht mehr war. Die Leute in den Häusern heizten ihre Öfen besonders fest ein, denn sie wollten nicht frieren. Kein Mensch und kein Hund und keine Katze wollten in dieser Nacht mehr auf die Straße gehen, so entsetzlich kalt war es draußen.

Es ist klar, daß bei dieser Kälte auch der Mond zu frieren anfing und sich stark erkältete. Plötzlich kitzelte es ihn in seiner Nase. Er konnte sich nicht mehr halten und fing fürchterlich zu niesen an. Da spritzten aus seiner leuchtenden Nase hundert kleine Lichtfunken. Aber der Mond konnte noch nicht zu niesen aufhören. Er nieste mindestens noch zehntausendmal und jedesmal spritzten mindestens hundert kleine Lichtfunken aus seiner leuchtenden Nase über den weiten, schwarzen Himmel und begannen hell zu blinken.

In der nächsten Nacht sahen die Menschen Millionen von Lichtpunkten am Himmel. Sie nannten sie Sterne. Bis heute haben sie nicht zu leuchten aufgehört.

Alfons Schweiggert

FEBRUAR

Hier ist Platz für ein lustiges Konfetti-Bild. Guck mal in den Locher bei deinen Eltern, da findest du Konfetti in den tollsten Farben.

7 JAN

IDA · LINDA · MARKUS · RENÉ · LOTTE · PAUL · ERIK · DAVID · MAX

Das möchte ich auch!

Jeden Mittwoch geht Paul in den Bastelverein. Was das ist? Das sieht man doch: Im Bastelverein wird gebastelt. Da wird gemalt, gehämmert, genagelt, gesägt, geknetet, geklebt, gegessen und genäht.
Paul malt einen Indianer. Ganz echt sieht der aus. Das hat auch Frau Peters gesagt. Frau Peters leitet den Bastelverein. Frau Peters hat auch gesagt: »Kinder müssen sich richtig austoben. Wenigstens einmal in der Woche.«
Wo ist Frau Peters überhaupt? Hat sie nicht gesehen, wie Jan die ganze gelbe Farbe verschüttet hat? Und ob Jochen wohl das Stuhlbein so ohne weiteres absägen darf? Die Meike hat noch gar nichts gemerkt, so ist sie mit ihren Perlen beschäftigt.
Und Ronja merkt nicht, daß Klaus ihren Schuh festgenagelt hat, auf dem Hocker. So was Gemeines!!! Das würde sicher auch Frau Peters sagen. Wo steckt sie bloß?
Ob sie was dagegen hat, daß Igor ein Stück aus dem Tisch heraussägt, mit der Laubsäge?
Frau Peters regt sich fast nie auf. Wenn es ihr zuviel wird, geht sie Kaffeetrinken und denkt: »Kinder müssen sich austoben. Wenigstens einmal in der Woche.«

Apfelringe

Du brauchst: 4 Äpfel, ½ Tasse Wasser, 2 Eßlöffel Butter, ½ Tasse flüssigen Honig, saure Sahne und 2 Eßlöffel gehackte Nüsse.

1. Äpfel waschen und schälen.

2. In dicke Ringe schneiden und das Kerngehäuse entfernen.

3. In einem Topf mit dem Wasser und der Butter zugedeckt 10 Minuten dünsten.

4. Honig dazugeben und umrühren. Dann den Topf vom Herd nehmen.

5. Die Apfelkringel herausfischen auf einen Teller legen, die Sahne darübergießen und mit Nüssen bestreuen.

Murmeltier

Auf die Hinterbeine stellen sich diese Nagetiere, damit sie einen besseren Überblick haben. Droht Gefahr, pfeift ein Murmeltier gellend, und alle Tiere verschwinden in ihren Bauten. Murmeltiere leben gesellig in den Bergen oberhalb der Waldgrenze. Dort finden sie genügend Gräser und Kräuter. Sie fressen den ganzen Sommer lang, damit sie Fett angesetzt haben, wenn sie den Winter in ihren heugepolsterten Erdbauten verbringen. »Schlafen wie ein Murmeltier« muß dieser große Nager, wenn ringsum alles verschneit ist. Den Winterschlaf hält oft die ganze Familie gemeinsam, und wer zwischendurch erwacht, frißt Heu und schläft dann weiter. Wenn der Frühling kommt, sind die Murmeltiere mager geworden, aber dann gibt es auf den Bergwiesen wieder das beste Futter.

Wo geht's lang?

Wer die Kugeln rollen läßt, weiß nicht, wo sie landen. Oder findest du's heraus?

Mäuse-Maske

Für das Mäusegesicht brauchst du einen großen Kreis aus grauer Pappe. Der Kreis wird an einer Stelle bis zur Mitte eingeschnitten, übereinander geschoben und festgeklebt. Jetzt noch Ohren, Zähne und den Mäusebart ankleben, und fertig ist die Mäusemaske. Gehst du mit zum Mäusemaskenball? Dann darfst du den Pappschachtelkäse nicht vergessen!

Wer hat die schönste Nase?

Der Hund? Die Maus? Der Hase?
Eine Zier, für Mensch und Tier
ist die Nase aus Papier!

Kämpf

Eine Ziege stand auf einem Stein,
sie fühlte sich so sehr allein.
Da schien die Sonne ihr aufs Haar
und sagte: »Ich bin auch noch da.«

Wenn auf dem Hof die Großen
uns Kleine immer stoßen,
dann wär ich gerne auf dem Mond,
denn der ist unbewohnt.

Wenn meine Eltern streiten,
dann hätt ich gern viel Geld,
um einfach wegzureiten
bis an den Rand der Welt.

Herr Noah

Herr Noah baute einst ein Schiff, die Sintflut zu überstehn.
Er wählte Holz vom besten Schliff, die Sintflut zu überstehn.
Vierzig Tage stürzt Wasser nieder zur Erde. Vierzig Nächte! Wer wird die Flut überstehn?

Die Tiere kamen zwei und zwei,
die Sintflut zu überstehn,
der Elefant, der Papagei ...
Vierzig Tage stürzt Wasser nieder zur Erde. Vierzig ...

Die Tiere kamen drei und drei ...
die Wespe, Ente, Gabelweih ...

Die Tiere kamen vier und vier ...
Das Nilpferd quetschte sich durch die Tür ...

Die Tiere kamen fünf und fünf ...
Familie Storch trägt rote Strümpf ...

Die Tiere kamen sechs und sechs ...
gerammelt voll sind schon die Decks ...

Die Tiere kamen siebn und siebn ...
Wo wird die Arche hingetrieben? ...

Die Tiere wurden acht und acht ...
in Gottes neue Welt gebracht

Gelogen

So schnell kriegt mich hier keiner mehr hoch!
sprach ein müder Wanderer mit Schnaufen.
So sagte er. Und setzte sich
auf einen Ameisenhaufen.

Glück gehabt

Das Wetter war schön. Eine Ameise ging
spazieren durch den Zoo.
Da setzte sich der Elefant
auf seinen dicken = na jo.
Auf seinen dicken Du-weißt-schon-wen.
Da rief sie erschrocken: Oh!
Er hätte sich fast auf sie gesetzt.
Doch fehlte noch
ein Millimeter oder so.
Da war sie aber froh.

Josef Guggenmos

Elefanten

Elefanten, die größten Landsäugetiere, leben in Afrika und in Indien. Den afrikanischen Elefanten erkennt man an den großen Ohren. Die Ohren des indischen Elefanten sind kleiner. Im Zirkus sind immer indische Elefanten zu sehen, sie lassen sich dressieren. In Indien müssen sie den Menschen beim Transportieren von schweren Baumstämmen helfen. Dort werden freilebende Elefanten immer seltener, und auch in Afrika gibt es sie oft nur noch in Schutzgebieten. Wird eine Elefantenherde bedroht, bilden die Tiere einen Kreis, um die Elefantenkinder, die Kälber, zu schützen. Elefanten ernähren sich von Pflanzen, mit dem Rüssel reißen sie Zweige von Büschen und hohen Bäumen. Oft werden Elefanten nur deshalb getötet, weil sich ihre großen Stoßzähne teuer verkaufen lassen. Die Stoßzähne werden dann meist zu Elfenbeinschmuck verarbeitet.

Mahlzeit!

Ein dezimeterkleiner
ZWERG
verlor sein Z und war bloß
WERG.
Ein sehr zerstreuter kleiner
MOHR
verlor sein M und war ganz
OHR.
Ein Löwe schritt von dort nach da,
schaute verdutzt und brüllte:
AH!
Fraß Z und M, wie er so kam –
und ist seit dieser Mahlzeit
ZAHM.

Friedl Hofbauer

MÄRZ

Nicht alles gleich wegschmeißen. Es gibt so viele lustige Sachen, die du sammeln und hier einkleben kannst!

Vergißmeinnicht

Wenn du Vergißmeinnicht säen möchtest, brauchst du etwas Geduld. Im Sommer kannst du den Samen in Blumentöpfen aussäen. Bis zum Herbst hast du kleine Pflänzchen.

Aber bis du einen Strauß Vergißmeinnicht pflücken kannst, mußt du bis zum nächsten Sommer warten. Es lohnt sich.

Vergißmeinnicht heißen „Zweijährige", weil es eben von einem Sommer bis zum anderen Sommer dauert bis sie so schön blühen.

Rezept

Man nehme aus der fernsten Ferne
drei große und drei kleine Sterne
und schneide sie in Scheiben auf.
Dann schmiert man Abendrot darauf
und hacket einen Mondeszipfel
sowie ein Stückchen Wolkengipfel,
bestreut sie kurz mit Morgentau,
mit Donnergroll, azurnem Blau,
mit Nebel, Schneekristallgeglimmer
und sanftem Abendsonnenflimmer.
Zum Schluß verrührt man alles gut
und speist es aus dem Fingerhut.
Und dazu trinkt man Regenwein
und tut man's nicht, so läßt man's sein!

Gina Ruck-Pauquèt

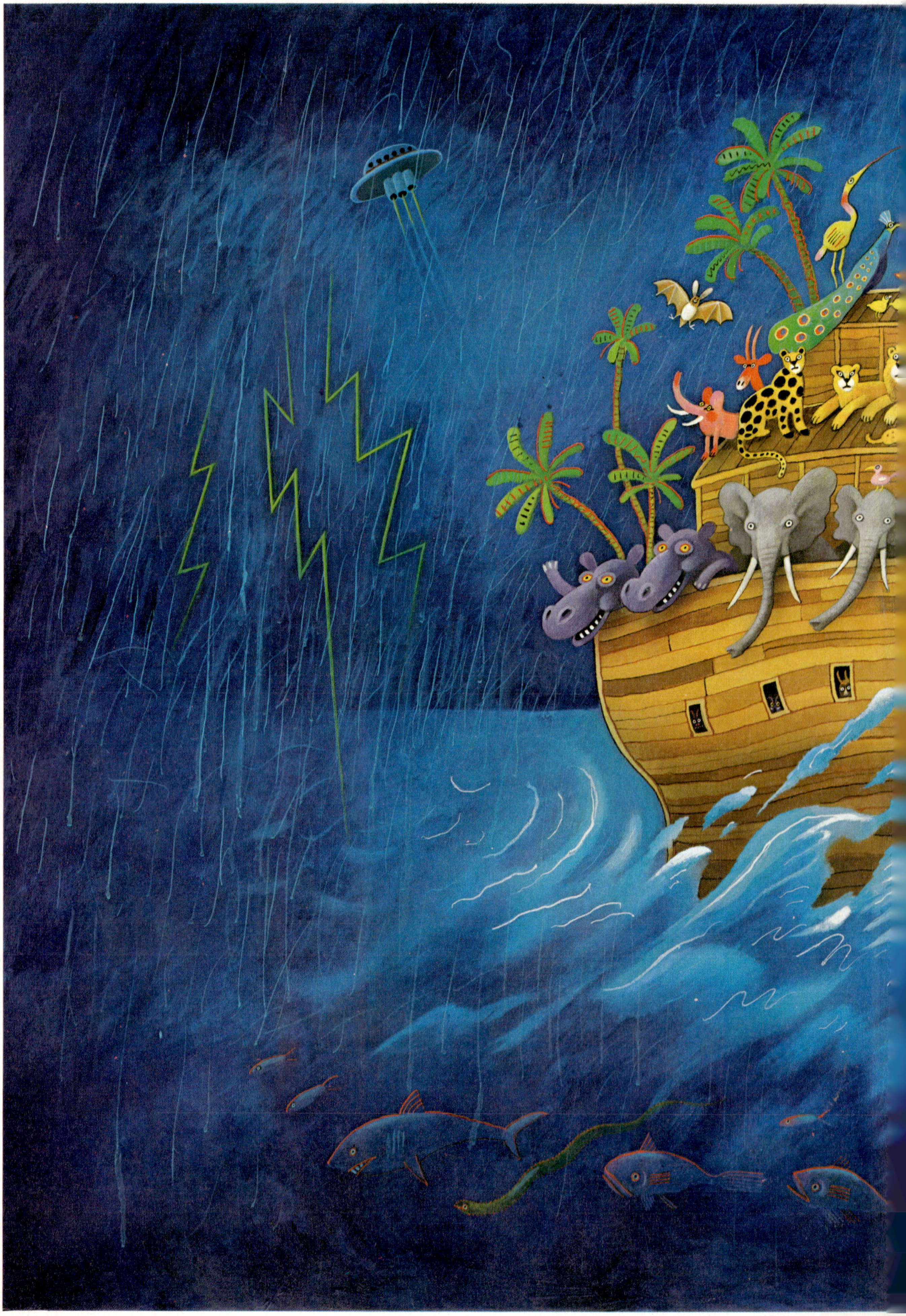

Die Tiere kamen zwei und zwei . . .

. . . der Elefant, der Papagei.
Frau Noah, die leicht seekrank wird,
ist mit dem Jet geflogen,
da kommt ein UFO angeschwirrt . . .
. . . ich glaub das ist gelogen.

Jahrmarktfest

Ballwand
Wer trifft der Kuh
ins Nasenloch?

Bemalte Hände und Füße
spielen Theater

Hahnenkampf
Schulter gegen Schulter
und auf einem Bein.
Wer mit beiden Beinen
auf die Erde kommt
hat verloren. Der
Sieger sucht sich einen
neuen Kampfhahn.

Schlangenbeschwörer

Tanzbär und Dompteur

Seiltanz auf dem Boden
und Gewichtheben mit Luftballons

Geschicklichkeitsrennen.

Peters Popcorn

Leierkastenmann

Montags beim Tierarzt

Bei Doktor Tierlieb wird das Schwein
am Blinddarm operiert.
Dann fängt der Spaß erst richtig an,
ahnst du, was gleich passiert?

Ameise

Diese Insekten gibt es fast überall auf der Erde, und viele unterschiedliche Ameisenarten leben bei uns. Manchmal kann man im Wald den Bau der Roten Waldameisen finden. Über einer kleinen Erdhöhle haben sie Nadeln und trockene Zweige angehäuft. In so einem Ameisenhaufen können bis zu einer Million der kleinen Tiere leben. Den ganzen Tag laufen sie emsig umher, um Futter zu suchen. Das Wort »emsig« leitet sich von ihrem Namen ab. Pflanzen und kleine Tiere, darunter viele Forstschädlinge, werden gefressen oder gesammelt und an die Larven verfüttert. Einmal im Jahr machen Männchen und Weibchen einen Hochzeitsflug, und für diese kurze Zeit ihres Lebens haben sie Flügel. Die Rote Waldameise steht unter Naturschutz. Auch die Ameisenhaufen dürfen nicht zerstört werden.

Gewimmel im Ameisenhaufen

Wenn du im Wald einen Ameisenhaufen entdeckst, kannst du gut das Gewimmel beobachten. Noch mehr geschieht aber im Inneren des Hügels. Da haben die Ameisen Gänge und Kammern angelegt bis tief in das Erdreich hinein. Ständig sind sie unterwegs, um Futter und Baumaterial heranzuschleppen. Sie bewachen die Eier und füttern die Larven, aus denen wieder Ameisen werden.

Nicht alle Ameisen sehen gleich aus. Es gibt »Soldaten« und »Arbeiter«, die Königin legt Eier, aber sie gibt keine Befehle.
Ameisen können kräftig zubeißen und ein Gift verspritzen, wenn sie angegriffen werden. Untereinander aber schützen sie sich und helfen sich gegenseitig.
Bis zu einer Million Ameisen leben in einem Ameisenstaat friedlich zusammen.

APRIL

Im April gibt's doch April-
wetter. Das kannst du hier
hineinmalen. Und wenn es
zu grau ist, dann mal doch
den Schirm bunt an und
die Raben.

APRIL

Osterjolle

Keine Angst! Dieses Boot kann nicht untergehen. Nicht einmal, wenn drei Seeräuber darin sitzen. Ausgeblasene Eier werden mit Wolle, Draht und Farben zu Eierpiraten. Ihr Boot ist ein Eierkarton, der mit wasserfesten Farben angemalt wird. Der Mast der Jolle ist aus einem Strohhalm, das Segel und die Fahnen sind aus buntem Papier.

Der tolpatschige Osterhase

von Heinrich Hannover

Es war einmal ein kleiner tolpatschiger Osterhase. Dem fiel beim Ostereiermalen immerzu der Pinsel hin, oder er tupfte mit der Nase oder mit den Ohren in die Farbe. So hatte er schließlich eine rote Nase, ein gelbes und ein grünes Ohr, ein blaues und ein weißes Bein und ein violettes Puschelschwänzchen.

Alle anderen Osterhasen lachten, wenn sie ihn sahen: »Hahaha, du hast ja eine ganz rote Nase«, und: »Hahaha, du hast ja ein gelbes Ohr« und so weiter.

Zum Schluß fiel ihm der ganze Farbtopf um, und auf dem Boden gab es eine große Pfütze. »Ach du liebe Zeit!« rief der kleine Osterhase. Und dabei stieß er aus Versehen an den Tisch, und alle Eier, die er schon angemalt hatte, und auch die, die er noch nicht angemalt hatte, fielen hinunter in die bunte Pfütze. Es war noch ein Glück, daß sie nicht kaputtgingen, denn der Waldboden war weich vom Moos und von den Gräsern.

Wieder lachten die anderen Hasen über den armen kleinen Tolpatsch, und der weinte eine Zeitlang. Aber als er anfing, die Eier wieder in den Korb einzusammeln, da sah er, daß sie in der bunten Farbpfütze ganz wunderschön geworden waren. Auf manche Eier hatten sich kleine Gräser und Blumen gelegt, und an diesen Stellen waren sie weiß geblieben, während sie sonst ganz bunt wie ein Regenbogen aussahen.

Als die anderen Hasen sahen, wie schön die Eier des kleinen Tolpatsches geworden waren, da hörten sie schnell auf zu lachen und wurden ganz still. Auch die Kinder haben nachher zu Ostern am liebsten die schönen bunten Eier des tolpatschigen Osterhasen gegessen. Als die Kinder seine Eier im Wald suchten und sich über die besonders schönen Regenbogenfarben und die Gräser und Blumen darauf freuten, da hat der kleine tolpatschige Osterhase hinter einem Busch gesessen und zugeschaut und hat ganz leise gelacht.

Ooo-Hase
von Friedel Schmidt

Das ist die Mütze, wo die Ohren sich oben durch die Wolle bohren.

Der Hasenohrenhut steht ihm besonders gut.

Beim starken Regen gestern trug er einen Südwestern.

Er trägt auf Fasching eine rote Nase.

Sag selbst, ist das der Osterhase?

Nein! Falsch! Das ist der Faschingshase.

Mit seinen weichen Pfoten macht er sich einen Knoten, weil er sonst meist vergißt, wann wieder Ostern ist.

Als ich ihn neulich sah, kam ich ihm wohl zu nah.

Hops, war er nicht mehr da! Da, wo er vorher saß, ist nur noch grünes Gras.

Ein schönes Leben für die kleine Henne

von Barbara Bartos-Höppner

Es war einmal eine kleine Henne, die lebte mit fünfhundert anderen kleinen Hennen in einem riesengroßen Stall. In dem Stall waren fünfhundert Käfige, und in einem davon steckte sie.

Der Käfig war aus Draht und winzig klein, und sie konnte nicht darin herumlaufen.

Aber sie bekam viel Futter und legte jeden Tag ein Ei.

Die kleine Henne hatte in ihrem Leben noch nie die Sonne gesehen.

Im Stall brannte nur elektrisches Licht. Sie war noch nie an der frischen Luft gewesen und wußte auch nicht, wie gescharrt wurde, denn auf ihrem Drahtrost gab es nichts zu scharren. Deshalb kannte sie auch keinen Regenwurm, keine Schnecke und keinen Engerling.

Das muß man sich einmal vorstellen!

Die kleine Henne wußte nicht, daß es einen Sonntag gab, und von einem freien Samstag hatte sie erst recht nichts gehört, und deshalb lieferte sie treu und brav Tag für Tag ein Ei ab.

Manchmal wurde es ihr langweilig. Dann zupfte sie an ihren Federn herum und wurde an manchen Stellen ganz nackt.

Sie führte ein elendes Leben, aber sie kannte nichts anderes.

Draußen am Stall hing eine große Tafel, auf der stand geschrieben:

Hier täglich frische Landeier!

Eines Tages kam ein Mann in den Stall. Er hatte einen großen Korb in der Hand, und die Bauersfrau dachte schon: »Hundert Eier nimmt der mindestens.«

Aber der Mann sagte: »Ich möchte bitte diese kleine Henne kaufen.«

Er bezahlte vier Mark fünfzehn, steckte die kleine Henne in den Korb und fuhr mit ihr im Auto nach Hause.

Hatte die kleine Henne Angst! Sie reckte nicht ein einziges Mal den Kopf über den Korbrand. Kein Drahtgitter mehr – jetzt war alles aus. Sie wäre am liebsten tot umgefallen.

Und weil sie tot sein wollte, schlief sie ein bißchen ein.

Als der Mann nach Hause kam, trug er den Korb in den Garten. Es war ein schöner Garten, in der Mitte viel Rasen zum Spazierengehen. Die Blumen blühten, und die Sonne schien.

Aber die kleine Henne hätte am liebsten geheult, denn die Sonne stach ihr in die Augen, und das Gras kitzelte sie an den Füßen und am Bauch erst recht, weil sie dort keine Federn mehr hatte. Außerdem mußte sie jetzt dringend ein Ei legen, und weil sie es nicht länger hinausschieben konnte, setzte sie sich mitten auf den Rasen und fertig.

Dann stand sie auf und ging steifbeinig ihren Käfig suchen.

Sie fand aber nur ein umgegrabenes Beet. Es war kühl und weich. Hier wollte die kleine Henne bleiben bis an ihr Ende.

Plötzlich fiel ihr etwas vor die Füße. Sie hielt den Kopf schief.

Ob das Futter war?

In diesem Augenblick kam ein Spatz geflogen. Die kleine Henne hopste erschrocken zur Seite. Das gefiel dem Spatz, er pickte gleich drauflos.

Die kleine Henne sah ihm zu. Dann pickte sie mit, so schnell sie konnte, und auf einmal erwischte sie ihren ersten Regenwurm. Er war dick und ließ sich ziehen wie ein Gummiband, und weil er überhaupt kein Ende nahm, ließ sie ihn vor Schreck gleich wieder los.

Weg war er. Wohin?

Die kleine Henne scharrte.

Linkes Bein, rechtes Bein.

Da! Eine Schnecke.

Die entwischte ihr nicht.

Doll!

Zum Schlafen bekam die Henne einen hübschen Stall, aber in der ersten Nacht schlief sie schlecht. Sie wußte noch nicht, wie gut es sich alleine träumen ließ.

In der zweiten Nacht schlief sie schon etwas besser, und in der dritten Nacht war ihr so, als ob sie für immer hierbleiben konnte.

Am vierten Tag fand sie ohne weiteres ihre Futterschüssel und das Nest mit Stroh zum Eierlegen.

Am fünften Tag kam ein Gewitter. Beim ersten Donnerschlag verkroch sie sich unter den Fliederbüschen.

Dann kam der Kugelblitz. Sie flatterte los und fiel vor Angst in einen Wassertrog.
Zum Glück holte der Mann sie in die Küche, trocknete sie ab, und die kleine Henne steckte ihren Kopf unter seinen Arm, bis es draußen wieder still geworden war. Danach lebte sie sich sehr gut ein.
Sie erschrak nicht mehr vor Schmetterlingen, konnte Meisen, Amseln und Rotkehlchen voneinander unterscheiden und sehr gut Maulwurfshaufen auseinanderscharren.
In der Küche guckte sie beim Kartoffelschälen zu und beim Schuheputzen. Und immer lief sie hinter dem Mann her, ging mit ihm zum Komposthaufen und zur Sommerlaube. Einmal hackte sie ihm in die kleine Zehe, aus Versehen natürlich, denn sie hatte den Zeh mit einem Engerling verwechselt. Der Mann schimpfte nicht, er lachte und sagte: »Du Frechdachs, du!«
Zu allem, was der kleinen Henne gefiel, sagte sie: »Gock!«
»Für mich brauchst du nicht jeden Tag ein Ei zu legen«, sagte der Mann. »Du bist raus aus dem Käfig, mach dir ein schönes Leben!«
Das gefiel der kleinen Henne sehr. Vor Freude machte sie »gock! gock!«
Eines Nachmittags erlebte die kleine Henne eine große Überraschung. Der Mann kam wieder mit dem Korb in den Garten und hob einen kleinen Hahn heraus. Hatte der Angst! O Gott, o Gott! Er stand da wie aus Holz und zog den Hals ein. »Na, du«, gockerte die kleine Henne leise, »kommst du auch aus dem Drahtkäfig?«
Sie drehte sich und zeigte sich von allen Seiten.
Dann trippelte sie ein Stück von ihm fort. Und als er vorsichtig hinterherlief, zeigte sie ihm den ganzen Garten: die Fliederbüsche, die Johannisbeersträucher, die Sommerlaube und den Komposthaufen. »Schick hier, nicht?« Und zuletzt ging sie mit ihm in die Küche. Es dauerte nicht lange, und dem kleinen Hahn gefiel das neue Leben, aber am besten gefiel ihm die kleine Henne.
Natürlich heirateten sie sich.
Nicht lange darauf setzte sich die kleine Henne auf sechs Eier und war nicht wieder herunterzukriegen. Der kleine Hahn stand vor dem Nest. »Was soll das?« fragte er.
»Großes Geheimnis«, antwortete die kleine Henne.
»Kannst du dich nicht beeilen?« sagte der kleine Hahn. »Mir ist langweilig!« »Mir auch«, antwortete die kleine Henne. »Was soll ich denn sagen? Ich sitze hier fest.«
Nach drei Wochen aber plusterte sie sich, stieg vom Nest herunter und führte sechs Küken in den Garten. Der kleine Hahn lief schnell hinterher.
»Nein, so was«, sagte er. »Gleich sechs auf einmal. Wird das ein unruhiges Leben!«
»Da hast du recht«, sagte die kleine Henne, »aber vergiß nicht, wir können den ganzen Tag im Freien herumspazieren.«

Rhabarbersirup

Du brauchst:
- ½ kg (ein halbes Kilogramm) Rhabarber
- ½ Liter Wasser
- 500 Gramm Honig

1. Die Rhabarberstangen gründlich waschen.
2. Die Stangen dünn abschälen und in kleine Stücke schneiden.
3. Mit Wasser 20 Minuten kochen.
4. Den Saft durch ein Küchensieb laufen lassen. Einen halben Liter Wasser und ein Pfund Honig in einem Topf erhitzen.
5. Wenn sich der Honig aufgelöst hat, den Saft in heiß ausgespülte Flaschen gießen, verkorken und im Kühlschrank aufbewahren.

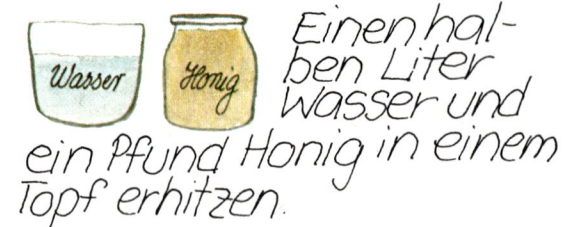

Wildkatze

Einer schwach getigerten Hauskatze sieht sie ziemlich ähnlich, die Wildkatze, die auch Waldkatze genannt wird. Sie ist etwas kräftiger und hat einen dickeren, geringelten Schwanz. Wildkatzen leben in den dichteren Wäldern vor allem von Mittelgebirgen, manchmal auch Hochgebirgen. Obwohl sie inzwischen nicht einmal mehr so selten sind wie noch vor hundert Jahren, als sie überall verfolgt wurden, werden sie kaum gesehen, denn sie sind sehr scheu. Heute steht dieser Einzelgänger unter Naturschutz. Wie die Hauskatze kann auch die Wildkatze im Dunkeln sehr gut sehen, und so ist sie vor allem nachts unterwegs, um Mäuse und andere kleine Tiere zu fangen. Mit der Hauskatze ist die Wildkatze verwandt, aber unsere Hauskatzen stammen nicht von ihr ab, sondern von einer anderen Wildkatze, von der Falbkatze.

Abzählverse

Ein Müller ist nicht blau,
Ein Esel ist nicht schlau,
Ein Ochse keine Kuh,
Und raus bist du.

Itzli-pitzli-Rabenfuß
Rate mal wer suchen muß!
Itzli-pitzli-buh,
Nämlich du!

Auf einem Billi-Bolli-Berg,
Da wohnt ein Billi-Bolli-Zwerg
Mit seiner Frau Marei.
Und du bist frei.

Ich bin ein armer Rabe,
Und alles was ich habe,
Ist eine dicke Laus.
Und du bist raus.

Janosch

MAI

Wer hat die schönsten Blumen? Aus dem bunten Papier von Illustrierten kannst du allerlei Blumen ausreißen und hier einkleben.

49

Die beiden Ziegen

Zwei Zie-gen stan-den auf ei-nem Steg. Die schwar-ze rief: geh mir aus dem Weg! Die wei-ße schrie: geh doch selbst zu-rück, ich wei-che von die-sem Steg kein Stück.

Der Steg war aber sehr schmal und schwach
und führte über den reißenden Bach.
Die Ziegen haben getobt und geschrien,
so daß ein Kampf unausweichlich schien.

Sie senkten die Köpfe und brüllten vor Zorn
und stürmten los, die Hörner nach vorn.
Es tobte der Kampf mit furchtbarem Krach,
dann stürzten die Ziegen hinein in den Bach.

Sie kamen ans Ufer mit Müh' und Not,
entgingen im Bach nur knapp den Tod.
Die schwarze Ziege hat dumm gelacht,
die weiße Ziege hat nachgedacht.

Mimosa und die Kreidemännchen

Es war einmal ein kleines Mädchen. Das hieß Mimosa. Eines Morgens zeichnet sie mit Kreide ein Strichmännchen auf den Gehweg. Mimosas Mutter ruft aus dem Fenster: »Beeil dich, du wirst zu spät zur Schule kommen.«

Da bewegt das Kreidemännchen plötzlich seine Beinchen. Es sagt: »Ich begleite dich. Wozu habe ich Beine, wenn ich sie nicht benutze?«

Die anderen Kinder sind sehr erstaunt, als Mimosa mit dem Kreidemännchen kommt. Und dann malen sie selbst lauter Kreidemännchen auf den Schulhof und schauen zu wie sie toben.

Als die Lehrerin kommt, wollen sie mit in die Klasse. Die Lehrerin ist ratlos: Soviel Platz haben wir ja gar nicht.

Da hat Mimosa eine Idee. Sie zeichnet ein großes Viereck auf den Hof. »Das ist eure Klasse. Bleibt hier bis es läutet.« Und dann macht sie die Tür zu.

Une souris verte qui courait dans l'herbe je l'attrape par la queue...

Die kleinen Kreidemännchen sind zufrieden. Durch die offenen Fenster hören sie wie die Kinder singen.
Und sie singen auch:
Ein Elefant wollt' bummeln gehn, sich die weite Welt besehn

Dann ist der Unterricht vorbei. Das Tor öffnet sich und die Eltern kommen. Sie umarmen ihre Kinder und ziehen ihnen die Mäntel an.
Und niemand, niemand denkt mehr an die kleinen Kreidemännchen, die immer noch eingesperrt sind.

Nur Mimosa fallen die Kreidemännchen wieder ein. Sie will sie ihrer Mutter zeigen. Sie kommen auf den Hof und Mimosa sieht, wie sie gegen die Kreidemauern rennen. Mimosa schämt sich, daß sie sie vergessen hat. Sie öffnet die Tür und läßt sie heraus.

Aber die Lehrerin hält sie auf: »Was ist das für ein Lärm? Wo sind eure Eltern? Ohne Eltern lasse ich euch nicht gehen.« Die Kreidemännchen weinen weiße Kreidetränen: »Wir haben keine Eltern.«

»Dann dürft ihr nicht fort. Ihr könntet von einem Kreidehund gefressen werden. Oder ein Kreideauto überfährt euch!«

Mimosa hat verstanden. Für jedes kleine Kreidekind zeichnet sie ohne Hast eine Kreidemutter auf den Schulhof.

Und jedes kleine Kreidekind umarmt seine Kreidemutter, und zusammen gehen sie ins Kreideland.

Maikäfer flieg

Nur vier, höchstens sechs Wochen lang im Mai, manchmal auch noch im Juni, lebt der Maikäfer – als Käfer! Das Weibchen – das erkennst du an den kleineren Fühlern mit sechs Fühlerblättchen – legt sechzig bis achtzig Eier in die Erde. Dann dauert es vier bis sechs Wochen, bis aus den Eiern die Larven des Maikäfers schlüpfen. Sie werden Engerlinge genannt. Sie leben versteckt und geschützt im Boden und fressen die feinen Wurzeln der Pflanzen, die sie in ihrer Umgebung finden. Dabei bewegen sie sich von Jahr zu Jahr tiefer ins Erdreich, sie häuten sich und wachsen, und wenn es im Winter kalt ist, schlafen sie. Zwei oder drei Jahre lang sind sie hier unter der Erdoberfläche, bis sie sich schließlich verpuppen. Im Herbst liegen sie als fertige Käfer in der Erde, mit dem Kopf genau in Nordrichtung. Niemand weiß genau, woher sie wissen, wo Norden ist. Sobald es im Frühjahr wärmer wird, und wenn die Bäume wieder grün werden, kriechen sie aus dem Boden ans Licht und fliegen davon. Vielleicht findet ihr einen Maikäfer. Laß ihn über deine Hand krabbeln – und weiterfliegen!

54

Maikäfer

Früher waren Maikäfer so zahlreich, daß sie in Laubwäldern großen Schaden anrichten konnten, weil sie zu viele der frischen grünen Blätter fraßen. Jetzt sind sie selten zu finden. Sie sind leicht zu erkennen an ihren fächerformigen Fühlern und an den braunglänzenden Flügeldecken. Auf diesem Foto sieht man, daß sie von feinen Härchen bedeckt sind.

Großes Erfindertreffen

Ganz schön verrückt, was man alles erfinden kann.

Getränke
Essenausgabe

Eiskalte Teekugeln
Mit Honig gesüßter (Malven)tee in Eisschalen gießen und im Tiefkühlfach einfrieren lassen. Die Kugeln (oder Würfel) in Gläser füllen und etwas Mineralwasser darüber gießen.

Meerblaue Spaghetti!
10 Tropfen blaue Lebensmittelfarbe ins Kochwasser

Murmel-Pappröhren-Rutsche

Flugschau der fliegenden Menschen

Lustige Brillen – selbst gebastelt

Bärenlift

Bürstentheater

Phantastische
Figuren aus Pappkartons

Weckinstrumente
für Langschläfer

57

Löwenzahn

Im Frühjahr findest du Löwenzahn auf vielen Wiesen. Wenn du dir einige davon pflückst, kannst du schön damit spielen.

Pusteblume

Aus den Löwenzahnstengeln kannst du Wasserleitungen bauen. In eine leere Pampelmusenhälfte bohrst du ein Loch, so groß, daß der Stengel gerade hineinpaßt. Und nun steckst du soviele Stengel ineinander wie deine Wasserleitung lang werden soll. Dann füllst du Wasser in die Pampelmuse. Mal sehen, wo es herauskommt.

Sonnenbrille!
In einen Stengel machst du 2 Schlitze und steckst durch jeden Schlitz eine Blume. Fertig!

Löwen sind toll!

Ballbuden-Boxer

Sie fressen Murmeln, Kirschkerne oder Kieselsteine. Gebaut sind sie aus leeren Kaffeedosen, die mit Packpapier umwickelt werden. Kopf, Ohren, Zähne und Beine sind aus braunem Karton ausgeschnitten und werden einfach an die Dosen geklebt. Wenn du dir noch zwei Freunde holst, könnt ihr zu dritt schön mit den Hunden spielen. Jeder von euch sucht sich einen Hund aus. Die Hunde stehen in einer Reihe. Nun versucht jeder von euch aus einer bestimmten Entfernung, mit Murmeln in das Maul seines Hundes zu treffen. Geht eine Murmel daneben, zählt sie nicht. Hat man aber in das Maul eines anderen Hundes getroffen, bekommt derjenige die Punkte, dem der Hund gehört. Wer hat am Schluß die meisten Punkte?

Schwan

Zwischen Enten, Bläßhühnern und den selteneren Gänsen schwimmen oft auch Höckerschwäne auf Seen und Parkteichen. Wenn sie ihren Kopf und ihren langen Hals ins Wasser eintauchen, suchen sie nach Futter: Wasserpflanzen und kleine Wassertiere. Ihre Nester bauen Schwäne im Dickicht von Schilfrohr an geschützten Stellen des Ufers. Grünlich-grau sind die vier bis acht Eier, die das Schwanenweibchen legt.

Die kleinen Schwäne können bald nach dem Schlüpfen schwimmen. Zuerst haben sie graue Flaumfedern, erst später werden die großen weißen Vögel aus ihnen genau wie beim »häßlichen jungen Entlein«, von dem der Märchendichter Hans Christian Andersen erzählt. Wenn diese schweren Vögel fliegen wollen, brauchen sie viel Kraft, um sich vom Wasser in die Luft aufzuschwingen.

JUNI

Hier kannst du dir einen herrlich bunten Schmetterling malen.

61

Über der Erde – unter der Erde

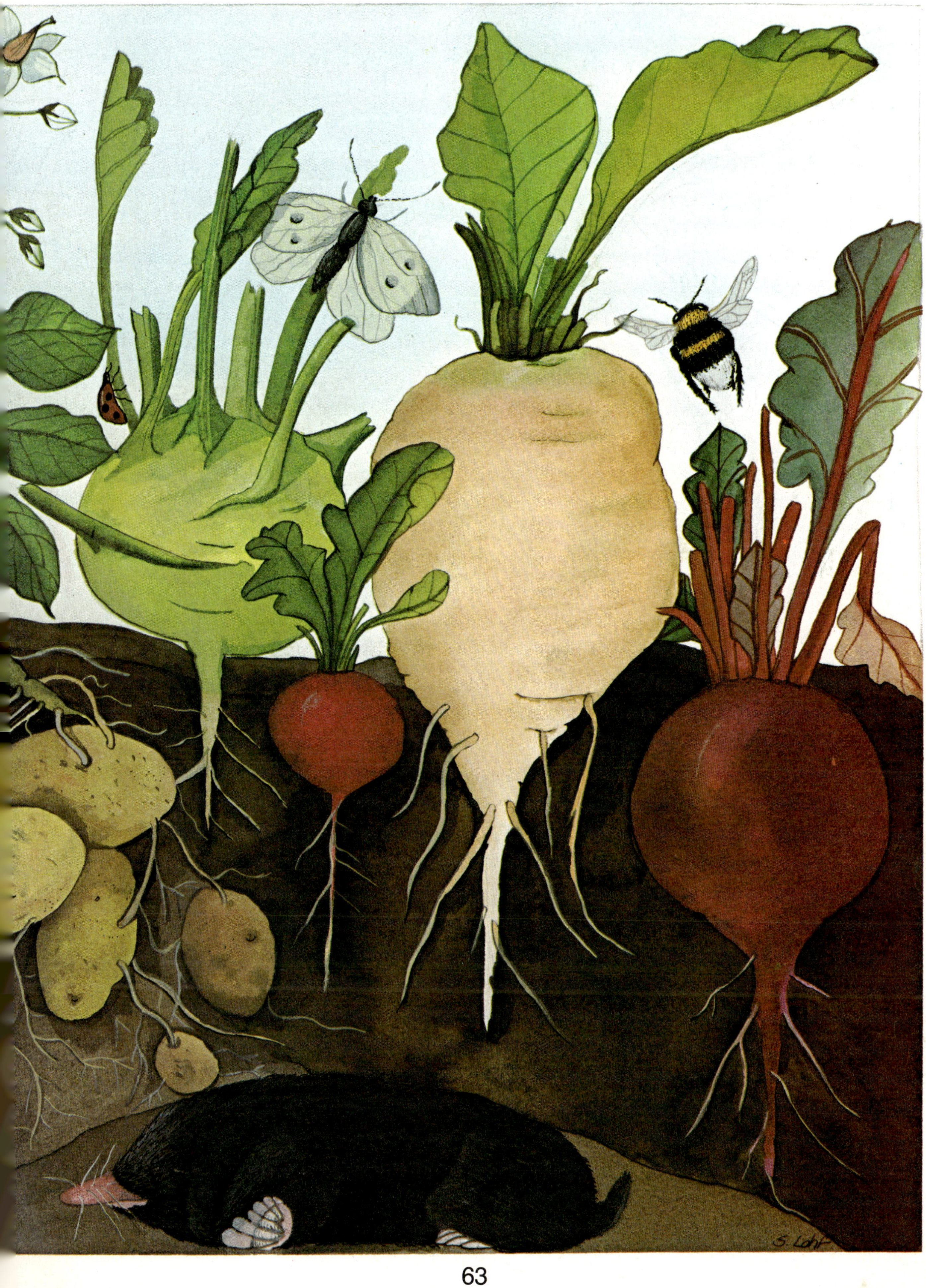
S. Lohf

Kinderzaziki

Du brauchst: 3 Eßlöffel frische Butter, 3 Eßlöffel feingehackte Petersilie + Dill, etwas Salz, 1 Eigelb und 3 Eßlöffel geriebene Gurke, 2-3 Radieschen zum Verzieren und Quark.

1. Reibe die Gurke in feine Stücke.

2. Füll alle Zutaten in eine Schüssel und verrühr sie gut miteinander.

3. Streich die Quarkmasse auf Brotschnitten.

4. Zum Schluß verzierst du das Brot mit Radieschen.

⭐ Zaziki ist der <u>griechische Name</u> für eine Speise aus Quark, Yoghurt und Gurkenstückchen.

Schwimmende Insel

In vielen Verpackungen ist Styropor. Wenn du ein paar Styroporstücke gesammelt hast, kannst du sie mit einem Spezialkleber zusammenheften. Manche Menschen mögen kein Styropor. Aber für die Insel ist es deshalb ganz gut, weil es schön schwimmt. Wenn dir deine Insel nicht wegschwimmen soll, mußt du eine Schnur an ihr befestigen.

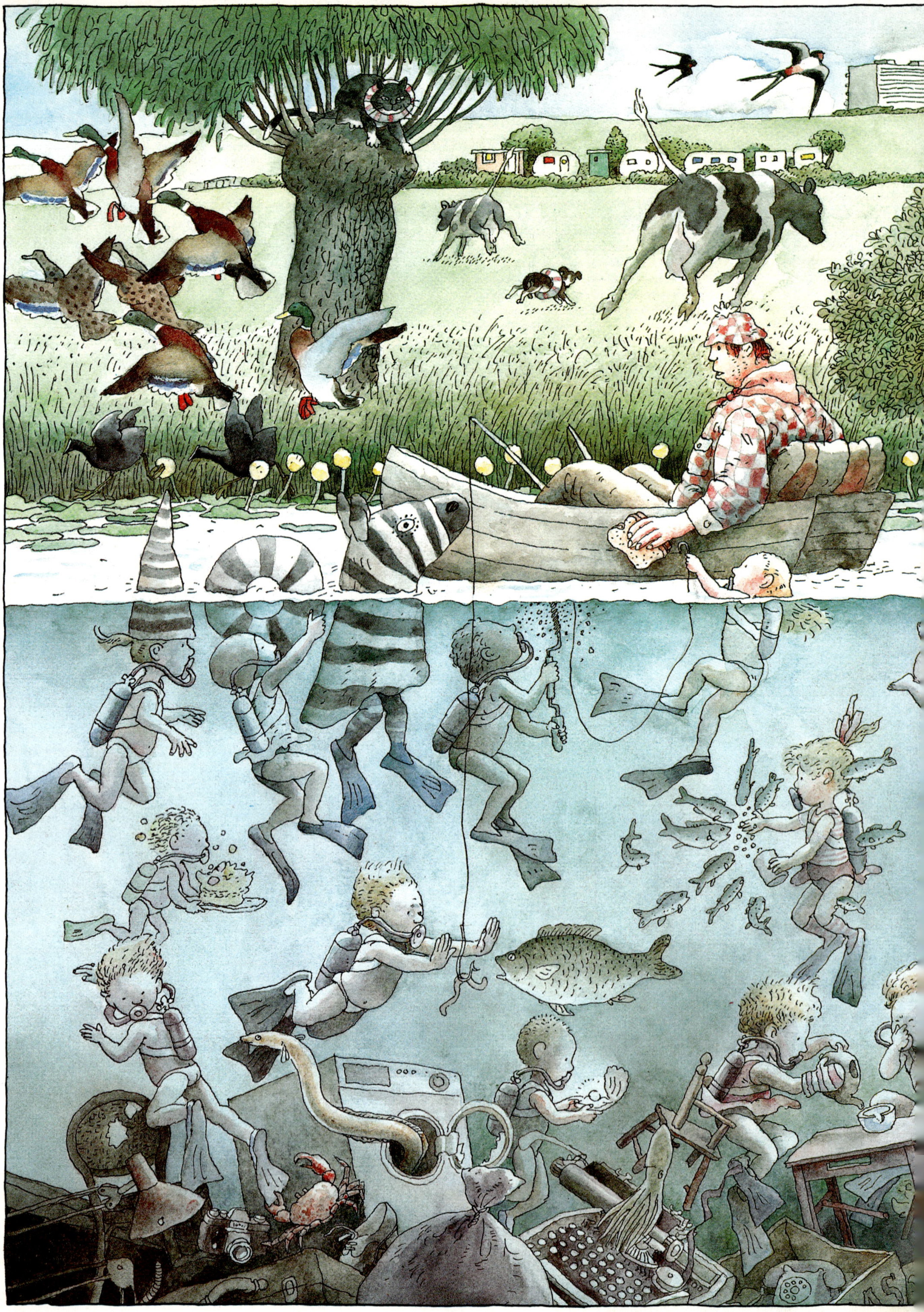

Das möchte ich auch!

Nelli erzählt viel. Gerade erzählt sie wieder von ihrem Taucherclub. Eine Menge Kinder sind da drin, sagt sie. Und jeder hat Schwimmflossen und eine Luftflasche, die hängt man sich auf den Rücken wie einen Rucksack. An der Flasche ist ein Schlauch. Wenn man den in den Mund nimmt, kriegt man immer frische Luft, auch unter Wasser.
Die Kinder vom Taucherclub kennen einen ganz tollen Teich. Wo der liegt, verrät Nelli aber nicht. Da liegen lauter Sachen herum, die die Leute weggeschmissen haben. Eine Waschmaschine, ein Fernseher, ein Telefon und sogar ein Auto. Herrlich spielen kann man damit. Unter Wasser natürlich.
Ina und Jan trinken gerade Kaffee und Per bringt die Torte. Klaus besucht die Teichjungfrau. Sie hat keine Beine, sondern einen Fischschwanz.
Aber am liebsten ärgern sie die Angler. Die können die Kinder vom Taucherclub nämlich überhaupt nicht leiden. Was meinst du, wie der Angler erschrickt, wenn der das Zebra sieht? Und, wenn er merkt, daß das Boot ein Loch hat!
Mit den Fischen vertragen sich die Kinder gut. Das sind ihre Freunde. Sie geben ihnen zu essen und passen auf, daß sie nicht an den Angelhaken kommen.
Ob's das alles wirklich gibt? Wenn du Nelli fragst, sagt sie: »Ganz bestimmt!« Aber Nelli erzählt viel.

Der Mond fährt mit der Straßenbahn

Wolfgang Bittner

Einmal stand der Mond nachts ganz tief über der Erde. Da sah er in der Stadt eine Straßenbahn fahren. Ihre erleuchteten Fenster schimmerten von fern wie eine Perlenkette. Innen war aber keine Menschenseele, weil es schon auf Mitternacht zuging und fast alle Leute schliefen. Nur der Straßenbahnfahrer saß vorne, und an den Kreuzungen klingelte er ein bißchen. Nicht so sehr laut, damit die Leute nicht aufwachten.

Der Mond ging am Himmel hinterher und seufzte: »Schade, daß ich nicht mitfahren kann.« Um sein Leben gern wäre er einmal Straßenbahn gefahren.

An der nächsten Haltestelle blieb die Straßenbahn stehen. Die Türen gingen auf, aber niemand stieg aus oder ein. Inzwischen stand der Mond schon so niedrig, daß er bald die Dächer der Häuser berührte. Da gab er sich, als er die offenen Türen vor sich sah, einen Ruck. Und gerade, als die Straßenbahn weiterfahren wollte, sprang er noch schnell hinein. Er mußte natürlich etwas vorsichtig dabei sein, weil er rund und voll war und sich nicht stoßen durfte, damit nichts von seinem Mondschein verlorenging.

Nun stand der Mond in der Straßenbahn. Die Türen klappten hinter ihm zu und die Bahn fuhr an. Das war ein tolles Gefühl, ganz ungewohnt. Der Mond setzte sich erst einmal. Sonst war er immer nur draußen am Himmel gewandert und hatte auf die Erde herabgeschaut. Jetzt zogen die Häuser an ihm vorbei, viel mehr als er jemals wahrgenommen hatte. Denn von oben sah man ja nur die großen Städte, die Länder, Meere und Gebirge. So ganz tief zu gehen, wie früher oft, war in letzter Zeit viel zu gefährlich geworden. Man wußte nie genau, ob da nicht plötzlich ein Flugzeug oder eine Rakete angeflogen kamen, denen man mit Mühe und Not gerade noch im letzten Augenblick ausweichen konnte.

An der nächsten Haltestelle sah der Mond auf einmal, wie der Straßenbahnfahrer von seinem Platz aufstand und auf ihn zukam. Er blickte den Mond prüfend an und fragte: »Kann ich mal Ihre Fahrkarte sehen?«

»Fahrkarte?« fragte der Mond.

»Nun stellen Sie sich nicht dumm«, sagte der Schaffner. »Wenn Sie allerdings keine Fahrkarte haben, kostet das zwanzig Mark Strafe.«

»Strafe?« fragte der Mond erschrocken und wurde zusehends bleicher.

»Also wie ist das nun?!« rief der Schaffner. »Haben Sie eine Fahrkarte oder haben Sie keine?!«

»Aber ich dachte, ich brauchte keine Fahrkarte«, sagte der Mond verschüchtert. »Ich bin doch der Mond.«

»Das kann jeder sagen«, erwiderte der Schaffner ungerührt.

»Schauen Sie mich nur genau an, dann werden Sie es schon merken.«

»Hm«, meinte der Schaffner, »mir ist tatsächlich so, als hätte ich Ihr Gesicht schon einmal gesehen.«

»Ja, ganz bestimmt«, sagte der Mond eifrig, »bestimmt abends am Himmel.«
»Hm«, brummte der Schaffner nochmals, wie es schien, etwas unsicher. »Können Sie sich denn wenigstens ausweisen?«
»Ausweisen?«
»Ihren Personalausweis, meine ich.«
»Personalausweis?« Der Mond war ganz durcheinander. Woher sollte er einen Personalausweis haben oder eine Fahrkarte oder Geld? Er wußte überhaupt nicht mehr, was er antworten sollte.
»Wenn Sie weder eine Fahrkarte noch einen Personalausweis haben, kann ich Sie sowieso nicht mitnehmen«, sagte der Straßenbahnschaffner. »Ich muß Sie auffordern, die Straßenbahn sofort zu verlassen.«
Da blieb dem Mond gar nichts anderes übrig, als hinauszugehen. Aber beim Aussteigen stieß er sich an der Tür. Ein kleines Stück seines Mondscheins fiel zu Boden und begann zu leuchten. Als der Straßenbahnschaffner das sah, bekam er ein ganz schlechtes Gewissen. Sollte das tatsächlich der Mond gewesen sein? Schnell sprang er zur Tür hinaus, um dem Mond hinterherzulaufen und ihn zur Weiterfahrt einzuladen. Aber der stand schon wieder leuchtend oben am Himmel.
»Und ich Tölpel dachte, wir hätten heute gar keinen Mond, dabei ist sogar Vollmond«, murmelte der Schaffner vor sich hin und blickte hinauf. Natürlich erkannte er das Gesicht sofort wieder. Auf einmal war ihm sogar, als habe ihm der Mond zugezwinkert. Aber das kann auch eine Täuschung gewesen sein. Denn warum hätte der Mond dem Straßenbahnschaffner noch zuzwinkern sollen?
So gegen sieben Uhr morgens kam der Straßenbahnschaffner von seiner Arbeit nach Hause. Da saßen seine Frau und die Kinder gerade beim Frühstück und er setzte sich dazu.
»Heute nacht ist der Mond bei mir mitgefahren«, sagte er stolz und berichtete von seinem Erlebnis. Daß er den Mond hinausgeworfen hatte, verschwieg er allerdings. Das half ihm aber auch nichts. Denn sein kleiner Sohn, der schon in die zweite Klasse ging, rief gleich: »Der Mond ist doch ein Satellit der Erde! Das haben wir in der Schule gelernt!« Und seine Tochter sagte: »Der kann doch gar nicht herkommen und mit der Straßenbahn fahren!«
Was sollte der Straßenbahnschaffner darauf antworten? Daß der Mond eigentlich, wenn man das nüchtern überlegte, nicht auf die Erde kommen konnte, war auch ihm klar. Aber er hätte dennoch schwören können, daß nachts, als alles schlief, der Mond in der Straßenbahn mitgefahren war. Das hatte er doch erlebt! Darüber, ob ihm der Mond noch zugezwinkert hatte oder nicht, ließ sich streiten — über alles andere nicht.

Die Feder

Ein Federchen flog über Land.
Ein Nilpferd schlummerte im Sand.
Die Feder sprach: Ich will es wecken!
Sie liebte, andere zu necken.
Aufs Nilpferd setzte sich die Feder
und streichelte sein dickes Leder.
Das Nilpferd öffnete den Rachen
und mußte ungeheuer lachen.

Joachim Ringelnatz

JULI

Im Sommer findest du überall Vogelfedern. Im Wald, im Zoo oder beim Wellensittich deiner Freundin. Die schönsten kannst du hier einkleben.

Seifenblasen

*Seifenblasen, Seifenblasen,
dürft euch ja nicht stechen lassen!
Innen Luft und außen Luft,
wenn ihr platzt, seid ihr verpufft.*

*Meinen Atem hüllt ihr ein
mit einer Haut von Sonnenschein,
glänzender als Kinderaugen,
Luftballons aus Seifenlaugen.*

*Seit ich euch hab' fliegen sehn,
kann ich endlich auch verstehn,
warum es die Seife gibt,
die doch sonst so unbeliebt.*

*Seifenblasen, Seifenblasen,
dürft euch ja nicht stechen lassen!
Schwebt hinab von dem Balkon
und macht euch in die Welt davon!*

Richard Bletschacher

73

Sommerfest

Scheint die Sonne?
Und sind die Kirschen reif?
Dann nichts wie raus!

Wer trifft in den Stiefel, auch wenn die Hängematte schaukelt?

Kirschkernweitspucken oder Zielspucken

Wer bastelt die ulkigste Vogelscheuche?

Ohren, Schnabel
Rüssel aus Papier –
fertig ist ein Lampiontier

Federnrupfen
Wer kann die
meisten Federn erbeuten?

Das Pantoffelmännchen

von Manfred Kyber

Es war einmal ein kleines Männchen, das war ganz klein, und außerdem war es unsichtbar, so daß man nicht einmal sehen konnte, wie klein es eigentlich war. Es hätte sich auch gar nicht gelohnt, es zu sehen, denn es war wirklich nichts weiter dran. Es lief nur immer herum und war eben da. Bloß so.

läuft nur immer herum und ist eben da. Bloß so. Mehr kann ich nicht sagen.«

Das konnte nun auf sehr viel passen, und niemand beachtete das kleine Männchen, denn das lohnt sich nicht, und außerdem war es ja unsichtbar.

Das kleine Männchen aber ärgerte sich sehr, daß es von niemandem gesehen wurde, und es lief auf den Markt, wo eine dicke Marktfrau unter einem roten Schirm saß und mit Pan-

Das Grasweibchen, das ein bißchen zaubern konnte, das hatte es einmal gesehen, denn wenn man zaubern kann – es braucht gar nicht viel zu sein –, dann sieht man alle unsichtbaren Dinge.

»Es lohnt nicht, das Männchen zu sehen«, sagte das Grasweibchen, nachdem es ein bißchen gezaubert hatte, »es ist ganz klein, hat ein Köpfchen, dick und dumm wie eine Kartoffel, und dünne, lange Beinchen wie eine Heuschrecke. Sonst nichts. Es sieht aus wie dürres Holz, nicht so schön grün wie ich. Es

toffeln handelte. Es zog sich flugs ein Paar gewaltig große Pantoffeln an, in denen seine Heuschreckenbeinchen ganz versanken, und wanderte damit los.

Die Marktfrau hatte nichts bemerkt, nur so ein Rascheln gehört wie von Mäusen, aber auf einmal sah sie, wie zwei ihrer größten und schönsten Pantoffeln allein die Straße entlang liefen, und der Atem stockte ihr vor Entsetzen. Drei Kannen sehr heißen Kaffee hat sie austrinken müssen, bis ihr wieder gut wurde.

»Seht, die wandernden Pantoffeln!« riefen die Leute und blieben stehen, denn so etwas hatten sie noch nie gesehen.

Nun ist es zwar wahr, daß auch viele Menschen gerne auf großen Füßen wandeln und man sie gar nicht beachten würde, wenn sie nicht so gewaltige Pantoffeln durchs Leben trügen. Denn was drin steckt, lohnt sich auch nicht immer zu sehen, sondern es läuft nur so herum und ist eben da. Bloß so. Aber daß große und schöne Pantoffeln – die besten, welche die Marktfrau hatte – ganz allein auf der Straße wanderten, eilig und geschäftig, als hätten sie etwas zu versäumen, das war schon über alle Maßen erstaunlich, und alles wunderte sich sehr.

»Da sieht man es einmal deutlich«, sagte der weise Kater Muffi Schnuffelbart, der sich auf der Fensterbank sonnte, »daß die großen Pantoffeln eigentlich die Hauptsache an den Leuten sind, denn nun wandern sie ganz allein davon. Es muß aber doch irgendein kleiner, unverschämter Kerl drin stecken, und wenn ich ihn sehen könnte, würde ich ihn aufessen, denn so etwas sollte nicht erlaubt sein, wo unsereiner, der klüger ist als alle die dummen Leute, auf anständigen und bescheidenen Pfoten einhergeht.«

Die Katzen sind eben überaus kluge Geschöpfe, und der Kater Muffi Schnuffelbart war ein ganz besonders erfahrener Herr.

Das Männchen aber freute sich gewaltig über das große Aufsehen, das es erregte.

»Jetzt sieht man doch, wer ich bin, und alle Leute staunen über mich«, sagte es und drehte den dicken Kartoffelkopf geschmeichelt nach allen Seiten.

Aber die Leute sahen das Männchen gar nicht, sondern nur die großen Pantoffeln, und das ist oft so im Leben.

Und das Männchen lief immer schneller und schneller, daß die Pantoffeln nur so an den dürren Heuschreckenbeinen herumschlappten, und es ging auch wunderschön auf der breiten und bequemen Straße, auf der alle in großen Pantoffeln und gewaltigen Stiefeln herumlaufen. Wie es aber an eine Wiese kam, wo die Blumen blühten und der Holderbaum duftete und wo die große Straße aufhört, da wurde es sehr nachdenklich, und es schien ihm, als ob es da nicht recht weiterginge, so gerne es nun auch hier gesehen und bewundert werden wollte. Denn die großen Füße und die großen Pantoffeln passen nur für die breite Straße, auf der alle Leute herumlaufen, aber nicht mehr in den Gottesgarten, wo die Blumen blühen und der Holderstrauch duftet, wo das Märchenland beginnt und wo man auf leisen Sohlen geht wie der Kater Muffi Schnuffelbart.

Wie nun das Männchen mit einem großen Satz auf seinen großen Pantoffeln mitten in das Märchenland hineinsprang, da verlor es beide Pantoffeln auf einmal und fiel kopfüber in ein Maulwurfsloch. Es dauerte eine ganze Weile, bis das Grasweibchen und sein Vetter, der Wiesenfrosch, die sich gerade sehr belehrend über heilsame Kräuter unterhielten, dem kleinen Männchen wieder heraushalfen. Das war nur gut, denn der Maulwurf hätte sich sehr über diese Sache geärgert, weil auch unsichtbare Leute einen erheblich stören können, wenn sie einem die Haustüre verstopfen. Das Männchen pilgerte ins grüne Gras hinein, und von nun an hat es niemand mehr gesehen, es war wieder ganz unsichtbar, und es lohnt sich auch gar nicht, es zu sehen. Es war wirklich nichts weiter dran, denn es lief nur immer herum und war eben da. Bloß so.

Die Pantoffeln aber fand es nicht wieder. Die waren in einen solchen Schwung geraten, daß sie allein bis an den Waldrand weiterliefen, und dort fanden zwei Eulen sie und brachten sie zu sich nach Hause in ein Baumloch. Sie stellten sie nebeneinander und benützten sie als Betten, und die waren so weich, so warm und bequem, wie Herr und Frau Käuzchen noch nie welche gehabt hatten.

Herr und Frau Käuzchen litten seit dieser Zeit auch niemals wieder an Krallenreißen, weil sie sich ganz tief in die Pantoffeln steckten und es überaus behaglich hatten. Die Federbetten dazu hatten sie ja selbst an sich, und Herr Käuzchen konnte sogar abends in seinem Pantoffelbett lesen, wobei ihm seine Laternenaugen selbsttätig und sehr angenehm leuchteten. Er las die Zeitung, die alle Eulen lesen, und die heißt »Das kakelbunte Ei«.

Die dicke Kröte aber, die im Erdgeschoß des Baumes wohnte und sich gerade eine Moosjacke strickte, die sagte, das habe sie alles schon vorher gewußt, daß das mit dem Männchen so enden müsse, und so weiter – denn das Märchenland sei eben keine breite Straße, auf der man wie alle Leute in großen Pantoffeln herumlatschen könne.

Die Unken haben nämlich immer schon alles vorher gewußt, aber sie sagen es erst nachher – und das kann jeder!

Bunte Blume

Brauchst du vielleicht noch ein lustiges Geschenk?

So eine gefärbte Blume sieht ganz schön aus.

Du mußt den Stil der Blume unten teilen.

Die eine Hälfte steckst du in gefärbtes, die andere Hälfte in normales Wasser.

In diesem Glas ist Tinte.

Diesen Versuch kannst du mit vielen verschiedenen Blumen machen.

Aber weiße Blumen eignen sich am besten.

<u>Warum wird die eine Hälfte der Blume blau?</u>
Im Stil der Blume sind kleine Röhrchen. Dadurch saugt die Blume das Wasser auf.
Die Röhrchen, die in der Tinte stecken, versorgen die eine Hälfte der Blume mit Flüssigkeit, also wird sie blau.

Ich hab die ganze Blume blau gefärbt!

Eisbären

Wild lebende Bären sind zwar scheu, aber sie können zu den gefährlichsten Tieren werden, wenn sie sich bedroht fühlen. Einer der größten Bären ist der Eisbär, der bis zu 2,80 Meter groß werden kann. Eisbären leben im Norden, an den Küsten und im ewigen Eis und Schnee der Arktis. Ihr Fell ist dicht und zottelig, ganz weiß ist es nicht, eher gelblichgrau. Eisbären sind gute Schwimmer, und oft sind schon die jungen Tiere im Wasser an der Seite ihrer Mutter. Solange sie klein sind, bringt ihnen die Eisbärin das Futter in die Schneehöhle. Eisbären sind Fleischfresser. Die meisten anderen Bären ernähren sich vorwiegend von Pflanzen.

Rette sich wer kann

Ein sicherer Weg nur führt zur Insel, auf der das Äffchen wohnt, kann der Schwimmer ihn entdecken, dann bleibt er verschont.

AUGUST

Willst du im Aquarium angeln? Dann brauchst du Fische. Schneide sie dir aus. Große, dünne, lange, kleine, aus buntem Papier.

Rotbarsch   Makrele   Scholle

Frische Fische

Die meisten Fische, die du gekocht, gebraten oder als Fischstäbchen ißt, kommen aus dem Meer. Sie leben dort oft in großen Schwärmen. Die Fischer kennen die Stellen, wo sich die Fische gerne aufhalten.
Schon in der Nacht fahren sie mit ihren Kuttern aufs Meer hinaus und legen die Netze aus. Damit sie die Netze wiederfinden, werden schwimmende Bälle daran befestigt. Wenn die Fischer Glück haben, sind viele Fische im Netz hängengeblieben. Sie werden gleich auf dem Schiff sortiert und in Kisten und Körbe verpackt. Dann werden sie zur Fischhalle gebracht und versteigert. In Kühlbehältern und Kühlwagen treten sie ihre Reise zu den Fischhändlern an.

Karpfen   Aal   Forelle

Kabeljau

Heringe

Garnele

Jetzt müssen sie rasch verkauft werden, denn sie verderben leicht.
Der Rotbarsch, den der Fischhändler gerade verkauft, kommt aus dem Meer, also aus dem Salzwasser. Genau wie die Makrele, die Scholle oder der Kabeljau. Die Forelle und der Karpfen können nicht in salzigem Wasser leben. Sie sind Süßwasserfische. Man fängt sie in Bächen, Flüssen oder Teichen. Weil sie so gerne gegessen werden, züchtet man sie oft in Fischteichen, die extra dafür angelegt werden.
Die Forelle liebt klares, kühles, fließendes Wasser. Der Karpfen dagegen mag warmes, ruhiges Wasser, in dem viele Pflanzen wachsen.
Der Aal kann im Salzwasser und im Süßwasser leben. Ehe er ausgewachsen ist, hat er schon eine halbe Weltreise hinter sich. Er schlüpft im Sargasso-Meer bei Amerika aus dem Ei. Als winziger durchsichtiger Fisch kommt er mit einer riesigen Schar von winzigen Aalen bei uns an die Küsten und schwimmt die Flüsse hinauf. Erst im Süßwasser beginnt er zu fressen und zu wachsen. Dort sucht er sich einen Wohnplatz, an dem er zehn bis zwölf Jahre bleibt und ein großer Fisch wird. Wenn er nicht gefangen wird, dann wandert er wieder hinunter zum Meer. Ein Jahr lang wandert er wieder, ohne zu fressen, durch den Ozean zu seinem Geburtsort zurück. Dort legt er seine Eier ab, aus denen wieder viele winzige Aale schlüpfen.

Kürbis

Wenn du einmal sehen möchtest, wie ein Kürbiskern keimt, brauchst du erst einmal einen reifen Kürbis. Den schneidest du in der Mitte durch. Die Samenkerne liegen in einer klebrigen Masse. Nimm einen Kern, an dem noch etwas Fruchtfleisch klebt und leg ihn auf feuchte Erde. Nach einiger Zeit fängt er an zu keimen.

Aus so einem großen Kürbis kannst du eine schöne Laterne bauen. Du mußt ihn aushöhlen und ein Gesicht hineinschneiden.

Der Kürbis ist eine rankende Pflanze. Streich mal mit einem Bleistift an der Unterseite einer Ranke entlang. Die Ranke greift sofort den Stift und krümmt sich.

Wiesengeist

Er sieht ganz schön schaurig aus und ist eigentlich ganz harmlos. In eine ausgehöhlte Melonenhälfte wird ein Gesicht geschnitten, Gras oder Blätter sind die Haare. Ein altes Bettuch ist das Geisterkleid. So eine Wiesengeistmaske kannst du auch aus einem Kürbis machen. Vielleicht möchtest du selber der Geist sein; dann setz dir die Maske auf.

Der Tausendfüßler

Ein Tau - send - füß - ler aus Plön, der dach - te, es wä - re schön, auf fünf - hun - dert Bei - nen zu stehn und so durch die Welt zu gehn.

Ein Tausendfüßler aus Plön,
der dachte, das klappt so schön,
drum stampfe ich weiter durchs Land
wie ein indischer Elefant.

Ein Tausendfüßler aus Plön,
der dachte, das klappt so schön
und fing noch zu hüpfen an,
wie das nur ein Laubfrosch kann.

Ein Tausendfüßler aus Plön,
der wanderte durch die Rhön.
Da brachte ein rollender Ball
den Tausendfüßler zu Fall.

Ein Tausendfüßler aus Plön
kam mühsam wieder zum Stehn.
Da fragte ein Kind: Spielst du mit?
Schon faßte er wieder Tritt.

Ponys

Es gibt mehr als zweihundert Pferderassen. Die kleinsten Pferde sind die Ponys, und unter ihnen die Zwerge sind die Shetland-Ponys. Ponys sind friedlich und lassen sich reiten, und so klein sie auch sind, sie sind kräftig und widerstandsfähig. Viele von ihnen können das ganze Jahr über im Freien bleiben, auch bei kaltem Wetter und rauhem Wind. Im Winter bekommen sie ein dichteres Fell, mit dem sie gegen Nässe und Kälte gut geschützt sind. Dann reichen ihnen die üppigen Mähnenhaare manchmal bis über die Augen, bis zum Boden reicht der lange Schweif. Am wohlsten fühlen sich Ponys in Herden – so wie die Wildpferde früher.

Kommt die Mittagszeit herbei,
rühr ich vergnügt in meinem Brei.
Sagt Mutter: »Du sollst nicht kleckern.«
Sag ich: »Du sollst nicht meckern.«

Mein Zimmer hat vier Ecken,
in denen Geister stecken.
Doch hat's auch eine Tür –
die führt zu dir.

Jeden Morgen hinterm Haus,
da führ ich meinen Bobby aus.
»Ach, Bobby«, sag ich, »sei so gut
und mach nicht auf die Wege,
sonst kriegt der Nachbar seine Wut,
und du bekommst noch Schläge.«

SEPTEMBER

Sicher weißt du, wie einfach man mit Kartoffeln drucken kann. Hier ist Platz für dein Kartoffeldruckbild.

89

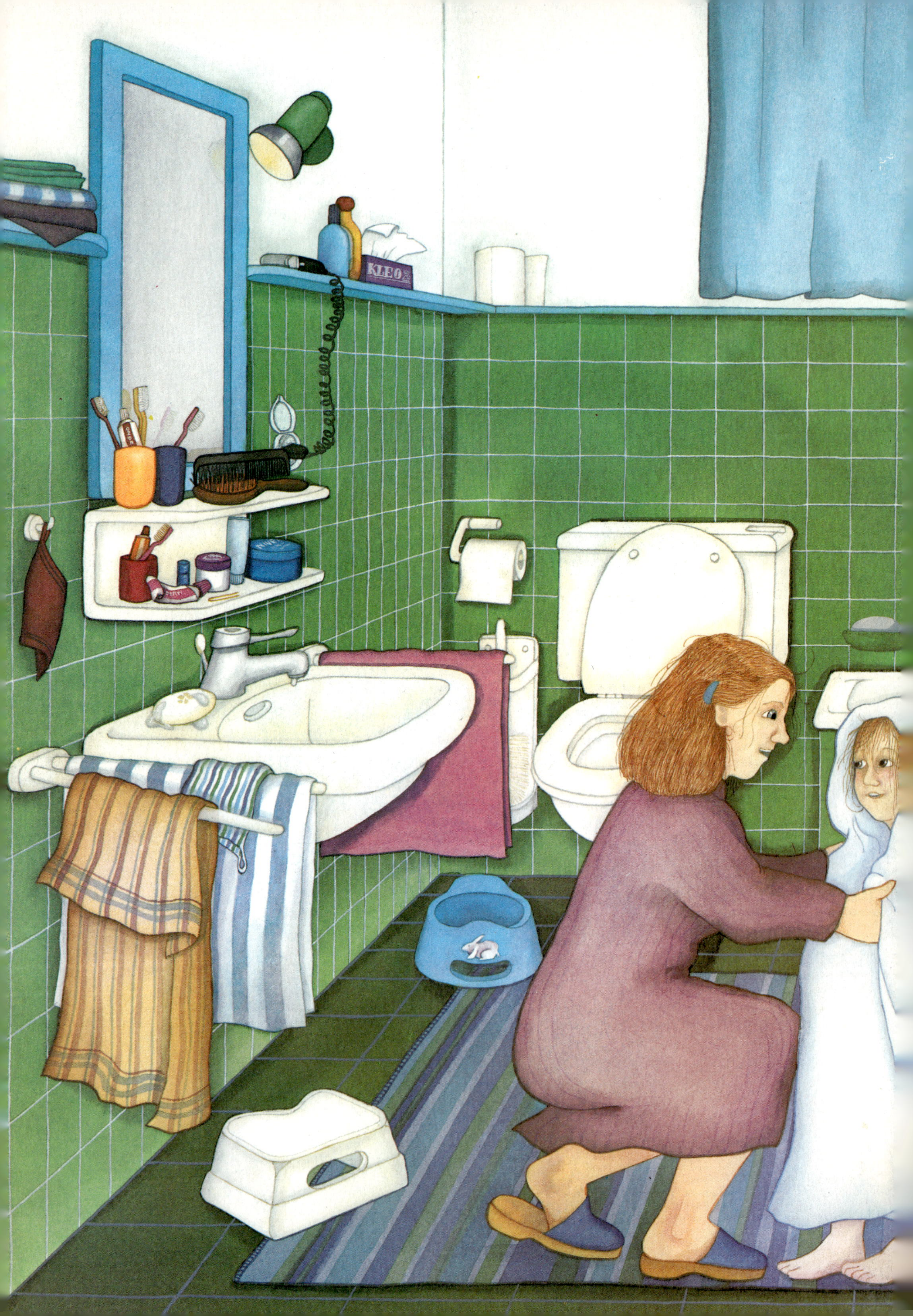
KLEO

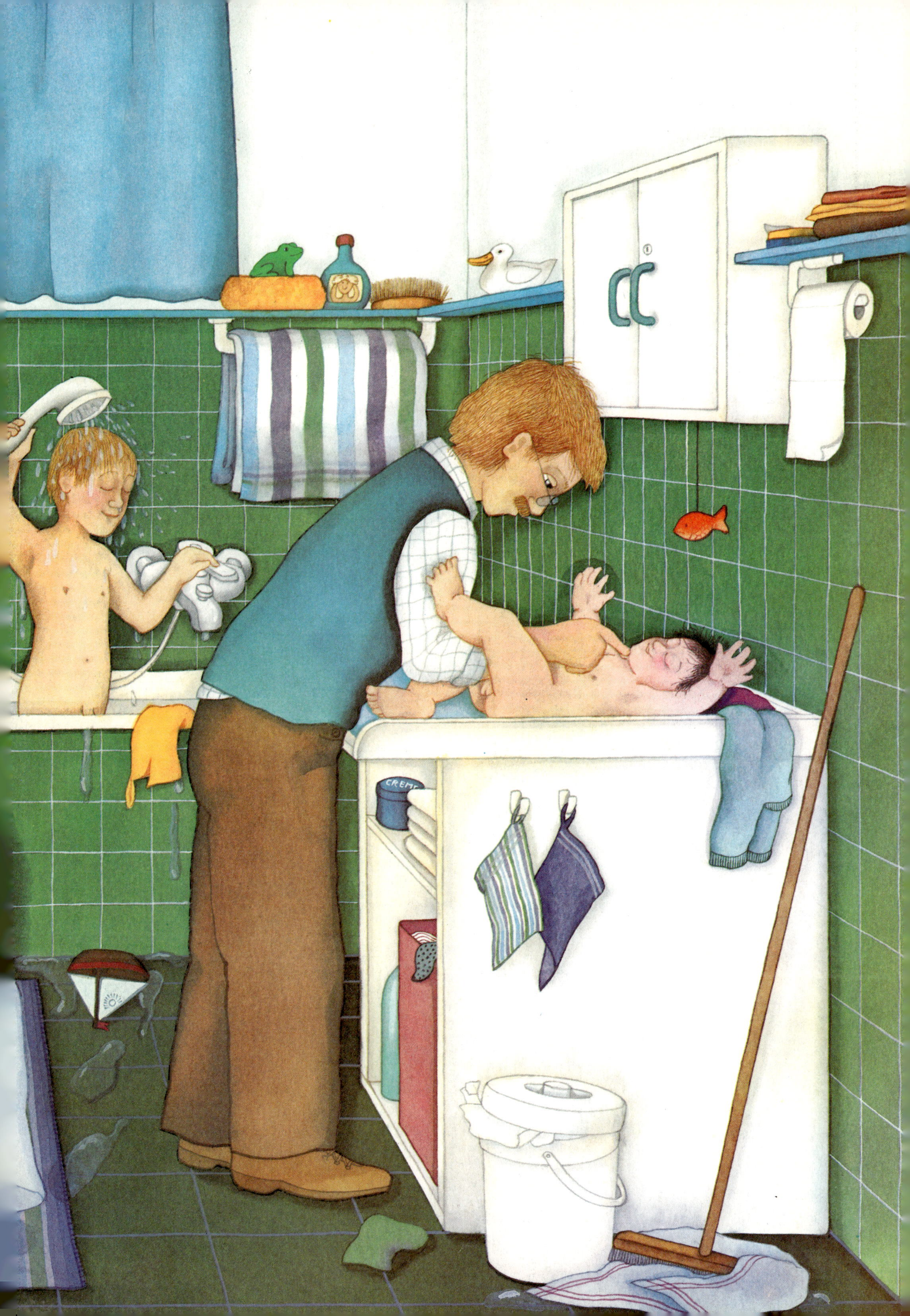
CREM

Katze, Hahn und Mäusefranz

von Jürgen Wulff
Nach einer Fabel von La Fontaine

Mäusefranz mit langem Schwanz und kleinen
schwarzen Augen wohnt
mit seiner Mutter und seinem Vater im Mauseloch.

Jeden Tag sagt Mäusefranz zu seiner Mutter:
»Laß mich hinaus aus dem Mauseloch,
ich möchte sehen, wie es draußen ist.«
Und jedesmal antwortet die Mutter:
»Wart noch ein bißchen,
du bist noch zu klein.«
An einem schönen Sommertag
aber ist es dann soweit:
Mäusefranz darf hinaus.

Hell und weit ist es hier draußen, denkt er,
ganz anders als im engen, dunklen Mauseloch.
Mäusefranz sieht die bunten Blumen und fühlt
den warmen Sonnenschein auf seinem Fell.
Staunend bleibt er stehen, blickt sich um und
schnuppert. Mäusefranz überlegt nicht lange
und läuft los: es gibt so viel zu sehen!
Da ist das Dorf mit der Kirche. Einige Häuser
haben Schornsteine. Aus den Schornsteinen
kommt Rauch. Der Kirchturm ist grün und spitz.
Grün sind auch die Wiesen, hinter denen
das Dorf liegt. Mäusefranz sieht die Bäume,
sehr viele Bäume. Die Bäume sind groß.
Und an den Bäumen hängen Früchte.
Mäusefranz läuft und läuft, am Dorf vorbei,
an den Wiesen vorbei, zwischen den Bäumen
hindurch. Er wird überhaupt nicht müde!
Mäusefranz schaut sich die Früchte an, die an
den Bäumen hängen. Die Früchte sind reif: gelbe
saftige Birnen, rote knackige Äpfel! Wenn die
Früchte reif sind, fallen sie von den Bäumen ab.
Mäusefranz läuft weiter. Plötzlich bleibt er stehen
und reißt vor Staunen die Augen weit auf.
Er sieht zwei Tiere, die er noch nie gesehen hat.

Ganz schnell läuft er zurück zur Mutter und
erzählt ihr, was er erlebt hat. »Weißt du«, sagt
Mäusefranz zur Mutter und ist noch ganz
aufgeregt, »ich habe zwei Tiere gesehen. Sie
standen unter einem Baum.
Das eine Tier hatte einen
schrecklichen roten Lappen
auf dem Kopf,
einen gelben
spitzen Schnabel,
mit dem es
hackte und pickte,
bunte Federn und
einen buschigen Schwanz.

Ganz gefährlich sah es aus.
Und es schrie: »Kikeriki!«
Dabei riß es den Schnabel weit auf.
Es war schrecklich,
und ich lief fort, so schnell ich konnte.

Vor dem anderen Tier hatte ich keine Angst.
Es war still und sanft,
hatte schöne grüne Augen,
die ich gern aus der Nähe
gesehen hätte,
vier
wunderbare Pfoten
und einen langen
dicken Schwanz.
Lieb und freundlich sah es aus.
Ich möchte so gern,
daß dieses Tier mein Freund wird!
Dann kann es mit mir spielen.«

Entsetzt schlägt die Mäusemutter
die Pfoten über den Kopf zusammen.
»Mäusefranz, Mäusefranz«, sagt sie,
»wie gut, daß du wieder bei mir bist.
Das hätte schlimm enden können!

Das Tier mit dem roten Lappen auf dem Kopf,
dem gelben spitzen Schnabel
und den vielen bunten Federn
ist ein Hahn!
Vor ihm brauchst du keine Angst zu haben.
Er tut uns Mäusen nichts!
Wir Mäuse haben den Hahn sogar gern,
denn die Menschen machen aus ihm
einen leckeren Braten.
Und wenn wir Glück haben,
können wir davon naschen.

Das andere Tier aber ist eine Katze! Wenn sie
uns fängt,
frißt sie uns mit Haut und Haar.
Ein Glück, daß sie dich nicht gefressen hat!

Stell dir vor,
du säßest jetzt im dunklen Katzenbauch.

Dann könntest du nie wieder aus dem Mauseloch
herausschlüpfen, nie wieder
Sonne, Blumen, Bäume und Wiesen sehen.
Versprich mir, gut aufzupassen!«

Und Mäusefranz versprach es.
Das war die Geschichte vom Mäusefranz!
Was er lernen mußte,
müssen früher oder später
alle Mäusekinder lernen,
und die Menschenkinder auch.
Nicht immer sieht man's am Gesicht,
wer Freund ist und wer Bösewicht!

Die Maus ist doch kein Luftballon

Kater Franz,
Kater Franz,
hält die Mäuse fest, am Schwanz.

Nur zum Spaß
macht er das

So gemein,
so gemein,
können manche Katzen sein!

Hermann Krekeler

OKTOBER

Im Oktober ist der Wind gerade richtig zum Drachensteigen. Oder was könnte der Rabe wohl an seiner Schnur haben?

Schnuppernasengesicht

von Hans Manz

Das Kind lief in den Wald hinaus, traf das Wildschwein an und sprach: »Meine Mutter ist heute traurig. Was soll ich machen?« Da sagte das Wildschwein: »Schnuppere mit der Nase wie ich.« Das Kind schnupperte.

Das Wildschwein lachte und sagte: »Geh heim und mach dieses Schnuppernasengesicht, dann wird die Mutter nicht mehr traurig sein.«

Das Kind wollte aber ganz sicher sein und lief zur Eule, die auf dem Baum saß und schlief. Die Eule erwachte und sagte: »Blinzle mit den Augen wie ich.« Das Kind blinzelte, schnupperte auch mit der Nase (damit es nicht aus der Übung kam).

Da lachte die Eule und sagte: »Geh heim und mach dieses Blinzelaugenschnuppernasengesicht, dann wird die Mutter nicht mehr traurig sein!«

Aber das Kind lief auch noch zum Hasen im Gebüsch. Der Hase sagte: »Wackle mit den Ohren wie ich.« Das Kind wackelte mit den Ohren, blinzelte mit den Augen und schnupperte mit der Nase.

Da lachte der Hase und sagte: »Geh heim und mach dieses Wackelohrenblinzelaugenschnuppernasengesicht, dann wird die Mutter nicht mehr traurig sein.«

Das hörte die Maus am Waldrand und sagte: »Spitz auch noch dein Mäulchen wie ich!« Das Kind spitzte seinen Mund, wackelte mit den Ohren, blinzelte mit den Augen, schnupperte mit der Nase.

Da lachte die Maus und sagte: »Geh heim und mach dieses Spitzmundwackelohrenblinzelaugenschnuppernasengesicht, dann wird die Mutter nicht mehr traurig sein!«

Das Kind lief über das Feld heim, stellte sich vor die Mutter hin und machte sein Spitzmundwackelohrenblinzelaugenschnuppernasengesicht.

Da lachte die Mutter, schloß das Kind in die Arme und sprach: »Ich lache auch, weil du ein Spitzmundwackelohrenblinzelaugenschnuppernasengesicht machst. Aber noch viel mehr, weil ich dich wieder habe.«

Haselmaus

Dunkle Knopfaugen, zarte Pfoten, Schnurrhaare und ein buschiger Schwanz, daran erkennt man die Haselmaus. Trotz des Namens ist sie keine Maus. Sie ist ein »Bilch« oder »Schläfer«. Wie ihre Verwandten, Siebenschläfer und Gartenschläfer, hält sie einen langen Winterschlaf. In einem weich ausgepolsterten Nest, mit einem seitlichen Einschlupfloch, liegen die Haselmäuse, manchmal zu mehreren aneinandergekuschelt, und schlafen eingerollt, den Schwanz auf der Nase. Im Mai kommen sie wieder heraus, wenn sie genügend Knospen, Triebe, Samen, Beeren und kleine Früchte zu fressen finden. Den ganzen Sommer über sind sie munter. In der Dämmerung kommen sie aus ihren Nestern und springen in Sträuchern und Gebüschen herum.

Wandertag nach Paderborn

von Janosch

Eines Tages in der Morgenfrühe rief das Schnuddelpferdchen: »Heute bin ich so stark wie ein Goliath, und ich springe in die Luft wie ein Hans-spring-in-die-Luft. Da siehst du's!« Und es sprang.

»Wir machen heute einen Wandertag, Schnuddel. Bis Paderborn. Und in Paderborn ruhen wir uns aus.«

Aber Paderborn ist weit.

»Ach nein«, sagte Schnuddel. »Beim Gehen scmerzen mich immer so die Beine.«

»Ich trage dich auch«, rief Schnuddelpferdchen und sprang wieder in die Luft. Übermut nennen wir das. Übermut tut selten gut.

»Ach nein«, sagte Schnuddelbuddel, »Paderborn ist so weit, und ich kenne niemanden in Paderborn. Das macht mich immer so einsam, wenn ich keinen kenne.«

»Ich trage auch alle deine Koffer«, rief Schnuddelpferdchen, »und dich noch dazu, denn ich habe so viel Kraft wie ein Kamel in der Wüste.«

Also gut. Schnuddel ging mit. Schnuddelbuddel hatte 2 Koffer und 1 Koffer.

2 + 1 = 3 Koffer + 1 Buddel = 4

»Du kannst dich gemütlich bequem oben auf die Koffer und auf mich setzen.«

       Schnuddelbuddel
       daddeldu,
       du bist ich,
       und ich bin du.

»Und wenn wir in Paderborn sind«, sagte Schnuddelpferdchen, »machen wir eine kleine Rast- und Frühstückspause, und dann wandern wir noch weiter. Nach Wolfenbüttel und nach Norwegen. Bis Australien. Oh Schnuddel, wir wandern 3× um die ganze Welt.«

Aber nach Paderborn war es sehr weit, und nach einer Weile sagte Schnuddelpferdchen: »Deine Koffer sind so schwer, Schnuddel. Könntest du mir vielleicht ein bißchen tragen helfen?

Denn wenn 2 Freunde nach Paderborn gehen, soll jeder die Hälfte der Last tragen.«

Jetzt trug Schnuddelbuddel 2 Koffer, und Schnuddelpferdchen trug 1 Koffer und 1 Schnuddelbuddel.

»Das macht für jeden 2«, sagte Schnuddel.

Die Buddel kam von allein hinterher. An einer Schnur. Aber bis Paderborn war es sehr weit.

       Schnuddelbuddel
       daddeldu,
       du bist ich,
       und ich bin du.

Nach einer Weile sagte Schnuddelpferdchen: »Schnuddel, ich bin so müde. Könntest du bitte alle Koffer tragen. Denn wenn 2 Freunde nach Paderborn gehen und der eine Freund wird müde, dann soll der andere die Last tragen.«

Also trug Schnuddelbuddel alle 3 Koffer. Die Buddel kam von allein hinterher. An der Schnur.

Aber nach Paderborn war es sehr weit.

»Da solltet ihr lieber umdrehen, ihr kleinen Dummköpfe, und zurückgehen«, sagte der große, dicke Waldbär, »denn bald ist es Abend.«

Oh, nach Paderborn wäre es so weit gewesen.

Und noch weiter nach Wolfenbüttel und noch weiter nach Norwegen. Und am weitesten nach Australien. Schnuddelpferdchen war so müde wie noch nie im Leben.

»Oh, Schnuddel«, sagte Schnuddelpferdchen. »Ich kann nicht mehr laufen. Wenn 2 Freunde aus Paderborn kommen und der eine Freund kann nicht mehr laufen, dann soll ihn der andere Freund tragen.

Einmal trug ich dich, und einmal trägst du mich, ja!«
Also gut.
Jetzt trug Schnuddelbuddel
1 K . . .
und
noch 1 K . . .
und
noch 1 K . . .
und
1 Schnud . . .
zusammen 4.
Und die Buddel kam von
              an der
hinterher.
He, Schnuddel, wo ist denn deine Buddel?
Du hast ja deine Buddel vergessen. Deine wunderbare Zauberflasche, die alles kann und in der Not auch weiterhilft.

Ach da ist sie ja.

Und dann ging alles viel leichter. Die Buddel trug 2 Koffer. Der Kanari trug 1 Koffer.
Und das Schnuddelpferdchen war so müde, daß es im Stehen schlafen konnte.
Aber was sehen wir schon da hinten? Na? Wer weiß das? Wo denn?
In dem großen Baum und auf den 2 kleinen Bäumen Familie Schnuddels Baumwohnung mit dem gemütlichen Sommerhaus.
»Na, das ist ja noch einmal gutgegangen«, sagte der große, dicke Waldbär.
»Gute Nacht dann, ihr zwei.
Bis bald mal wieder!«

100

Das möchte ich auch!

Meine sehr verehrten Damen und Herren, treten sie näher, kommen sie herein! Hier sehen sie den unverbesserlichen Kinderzirkus Infantani. Haben sie starke Nerven? Dann dürfen sie uns bei der Generalprobe zusehen. Es ist die siebenundzwanzigste. Nehmen sie Platz, es hat schon angefangen. Hören sie den weltberühmten Katzenchor mit dem Lied: »Mausi, ich will dich fressen...«
Und sehen sie unseren tapferen Löwenbändiger. Er weiß nicht, daß der Löwe heute noch nichts gegessen hat. Aber keine Angst. Er frißt eigentlich nur Schokoladenpudding.
Haben sie unseren Zauberer entdeckt? Hoffentlich kann er die Kaninchen wieder einfangen. Und die Tauben auch. Helfen sie ihm ein bißchen.
Anna und Sanna fürchten sich vor gar nichts. Anna hängt mit den Zehen am Trapez und Sanna wird gleich den gewagten Doppeldrops springen. Wenn das mal gutgeht.
Haben sie jemals ein Zebra gesehen? Klar, aber ein Zebra, daß durch einen Reifen springt? Sowas gibt es nur bei Infantani.
Der Pudel wird das auch noch lernen, wenn Jan es ihm richtig vormacht. Aber schauen sie selbst. Da gibt's noch viel zu sehen. Und wenn es ihnen gefällt, kommen sie doch morgen wieder. Zur achtundzwanzigsten Generalprobe.

Das Geisterschloß

Schallend wiehernd
wie ein Roß
stampft Ritter
Rotbart
durch mein Schloß.
Graf Kunz
(schon immer
hundsgemein)
kann dagegen
alles sein.
Erst gestern
— still stand
mein Verstand —:
Der Pfannenstiel
war seine — Hand!
Irr flieh ich
(mit und ohne Grund)
vor Kugel,
Nudel,
Pudelhund . . .

Auch geh ich nur,
muß ich einmal,
im Laufschritt durch
den Ahnensaal:

Graf Heinz
(einst Held im Felde)
spuckt aus dem Gemälde!

Wen treff ich heut
im Stiegenhaus?
Neun Särge.
Neun Fahrer
grinsen heraus.

Wer Nerven hat,
der schluckt es,
mein Schloß,
mein ganz verrucktes.
Hier spukt es,
hier spuckt es,
aus allen Ecken
guckt es.

Ich schreibe zitternd,
gesträubt das Haar:
Wer kauft mir mein Schloß ab
samt Inventar?
Doch sage ich händeringend:
Bitte, es ist dringend!

Josef Guggenmos

Schloß Gipsholm

Viele Steine, Gips und etwas Farbe braucht man für das Schloß. Der Gips wird mit Wasser zu einem Brei verrührt und zwischen die Steine geschmiert. Ist alles fertiggemauert und trocken, kann man das Schloß noch anmalen.

NOVEMBER

Hast du bunte Herbstblätter gesammelt und gepreßt? Hier kannst du sie einkleben. Oder du malst sie dir einfach.

Igel

Wenn der Igel bedroht wird, rollt er sich zu einer stacheligen Kugel zusammen, und nur allmählich kommt wieder der Kopf mit der feuchten, dunklen Nase zum Vorschein. Igel sind meist in der Dämmerung unterwegs auf Suche nach Schnecken, Würmern, Insekten. Obst fressen sie auch. Wer einen Igel findet, darf ihn nicht mitnehmen, denn er steht unter Naturschutz. Nur Igel, die zu klein sind oder die aus dem Winterschlaf erwacht sind und vergeblich Futter suchen, darf man zwischen Oktober und April im Haus halten. Dann werden sie mit gekochtem Ei, gehacktem, magerem Fleisch, Banane, Käse, wenig Mehlwürmern gefüttert. Trinken dürfen Igel nur Wasser! Und es ist wichtig, daß sie von einem Tierarzt untersucht werden. Im Frühjahr müssen sie wieder freigelassen werden, und dann laufen sie davon, ohne Abschied zu nehmen.

Die Schattenhexe kommt...

Für das Schattentheater schneiden wir uns die Figuren aus schwarzen Zeichenkarton. Unten am Hals haben sie einen Querstreifen, den legt man um den Zeigefinger und befestigt ihn mit Klebeband.

Gespielt wird zwischen der Lichtquelle und einem gespannten Tuch. Ist das Tuch groß genug, spielen wir mit dem ganzen Körper.

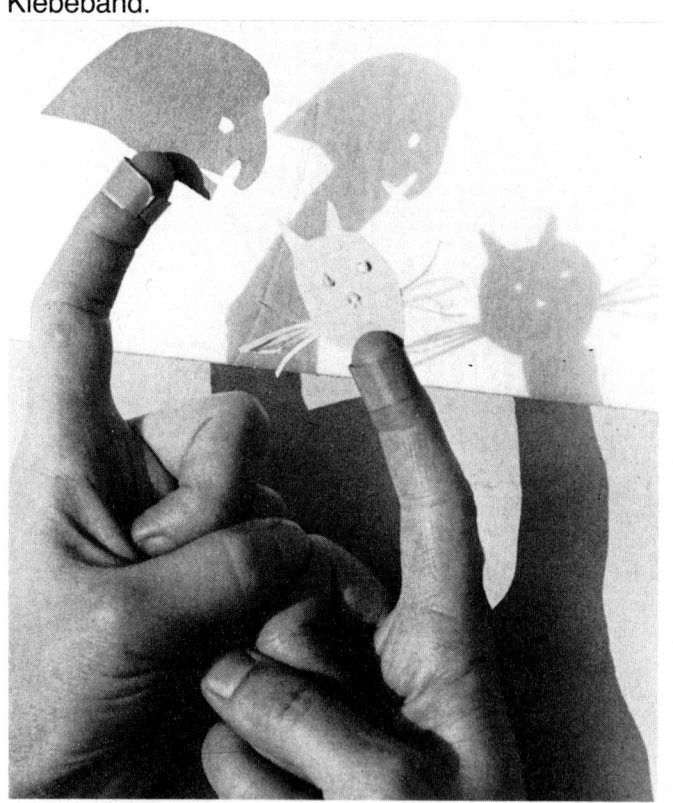

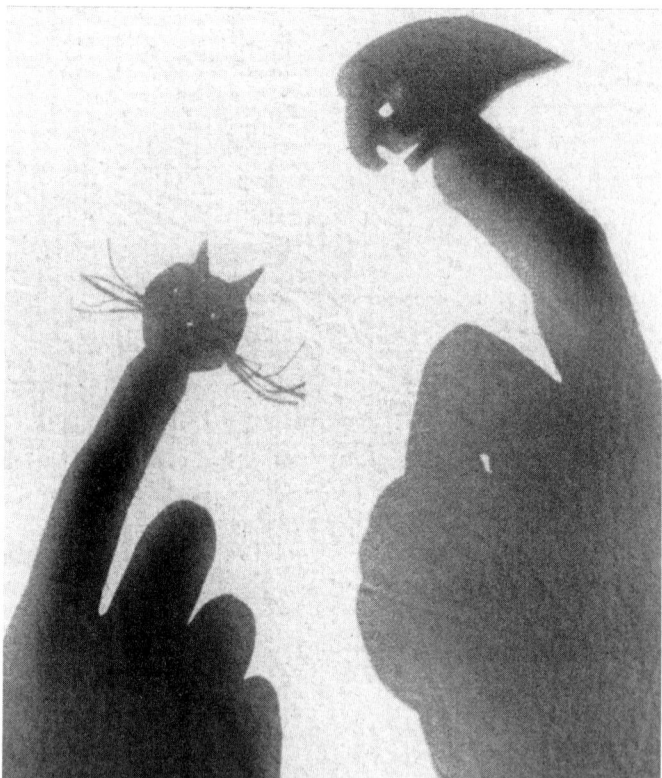

Traust du dich nachts zum Zauberbaum,
allein, durch stille Gassen?
Dann siehst du sieben Geisterlein,
die Wünsche wachsen lassen.

Ein Elefant mit Bauchweh

von Margaret Rettich

»Der Nächste bitte«, sagt Doktor Schimmel. Fräulein Maus liest in ihrem Notizbuch und sagt: »Ein Elefant mit Bauchweh.«
»Wo befindet sich der bedauernswerte Elefant?« fragt Doktor Schimmel.
»Im Zoo«, sagt Fräulein Maus. Beide machen sich sofort auf den Weg. Schon von weitem hören sie den Elefanten schrecklich husten. Er liegt auf dem Rücken und streckt die Beine in die Luft. Sein Bauch ist dick wie ein Ballon. Doktor Schimmel wandert dreimal um den Elefanten herum, schüttelt den Kopf und fragt endlich: »Wo haben Sie sich erkältet?«
»Wieso denn erkältet? Ich habe doch Bauchweh!« ruft der Elefant.
»Sie husten, also sind sie erkältet. Das ist eine alte Erfahrung«, belehrt ihn Doktor Schimmel, doch Fräulein Maus ruft dazwischen: »Ich huste auch, wenn ich nicht erkältet bin. Nämlich dann, wenn ich mich verschluckt habe.« Doktor Schimmel sagt streng: »Behalten Sie Ihre Mäuseweisheit für sich.«
»Sie hat aber recht«, stöhnt der Elefant, »ich huste tatsächlich, weil ich was verschluckt habe.«
»So, was haben Sie denn verschluckt?« fragt Doktor Schimmel.
Da sagt der Elefant: »Wenn ich mich recht erinnere, waren es sieben Tüten Kaubonbons und fünfzehn Bananen und drei Mantelknöpfe und eine Matrosenmütze und zwei Reisewecker und dreiundzwanzig Lederhandschuhe und acht Buttersemmeln und fünf Bierflaschen und neun Eintrittskarten und ein Wollsocken und sechs Rosensträuße und fünf Bratwürste mit Senf und zwei ohne und ...«
»Halt!« ruft Doktor Schimmel. »Es ist ja kein Wunder, wenn Sie Bauchweh haben!«
Der Elefant bekommt wieder einen Hustenanfall. Danach sagt er: »Ach, soviel schlucke ich jeden Tag. Sonntags sogar dreimal soviel. Ich tue es den Leuten zuliebe, die mich hier im Zoo besuchen und füttern wollen. Weil sie meist keine anderen Leckerbissen bei sich haben, stecken sie mir zu, was ihnen in die Hände fällt. Wenn sie weg sind, huste ich einfach alles wieder heraus, was ich verschluckt habe. Nur mit dem letzten Ding hatte ich Pech. Das ist mir sehr, sehr schlecht bekommen.«
»Was war es denn?« fragt Doktor Schimmel.
»Es war ein Regenschirm«, sagt der Elefant.
»Ich werde Sie jetzt untersuchen«, sagt Doktor Schimmel. Er guckt dem Elefanten in den Hals, langt tief hinein, fühlt und tastet und sagt: Es ist kein Wunder, daß Sie Beschwerden haben. Beim Husten ist der Regenschirm nämlich aufgegangen. Einen offenen Regenschirm werden Sie nie heraushusten können. Lassen Sie mich überlegen, was zu tun ist.«

»Überlegen Sie bitte nicht zu lange, ich halte es kaum noch aus«, stöhnt der Elefant.
Fräulein Maus tröstet ihn: »Nur Mut, Doktor Schimmel weiß immer einen Rat.«
»Ganz recht«, sagt Doktor Schimmel, »mein Rat ist: Sie, Fräulein Maus, werden uns helfen.«
Erschrocken ruft Fräulein Maus: »Einem Elefanten helfen? Ich? Ich bin doch viel zu klein!«
»Das ist ja Ihre Stärke«, sagt Doktor Schimmel, »Sie werden sich nämlich in den Elefantenmagen hinunter begeben und dort den Regenschirm zuklappen.«
»Da komme ich nie wieder raus!« piepst Fräulein Maus entsetzt.
»Aus meinem Magen kommt alles wieder raus«, sagt der Elefant.

»Aber bitte nicht husten«, ruft Fräulein Maus. Sie klettert in den Elefantenhals und rutscht nach unten in den Magen. Dort hantiert sie so emsig, daß der Elefant leider doch einen Hustenanfall bekommt.
Er hustet. Und hustet. Und hustet, bis der zugeklappte Regenschirm im hohen Bogen herausgeflogen kommt. Und gleich hinterher fliegt Fräulein Maus. Der Elefant holt tief Luft, dann sagt er: »Vielen Dank, Doktor.«
»Bedanken Sie sich diesmal bei Fräulein Maus«, erwidert Doktor Schimmel bescheiden.

Hier stimmt was nicht

Findest du heraus, was nicht
am richtigen Platz ist?

Ich reibe meine Nase

Einer:
Ich rei-be mei-ne Na-se, ich rei-be mei-ne Na-se!

Alle:
Ich rei-be, ich rei-be, ich rei-be mei-ne Na-se!

(allmählich schneller werden) . . . .

Ich rei-be, ich rei-be, ich rei-be mei-ne Na-se!

Ich rei-be, ich rei-be, ich rei-be mei-ne Na-se!

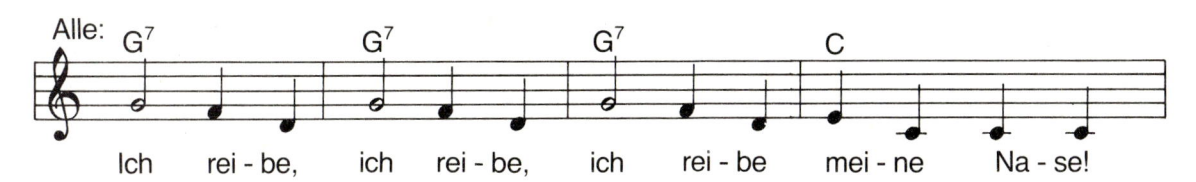

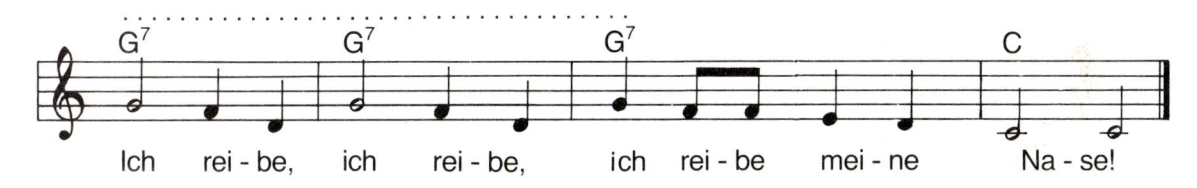

»Ich streichle deinen Bauch«
»Ich klatsche in die Hände«
»Ich stampfe auf den Boden«
»Ich fahre im Mercedes«
»Ich lenke einen Dampfer«

Ich blas auf meiner Flöte . . .
Ich hopple wie ein Hase . . .
Ich . . .

112

Das möchte ich auch!

Weißt du, was Elly Vis' Lieblingsprogramm im Fernsehen ist? Rate mal! Nein. Weißt du was? BEATCLUB! Das ist ungeheuer gut, meint Elly, und das spielt sie immer mit ihrem Freund Bennie. Eines Tages sieht Elly auf einem Schild bei der Kirche: PUPPENVORSTELLUNG, Eintritt 50 Pfennig. Aber Elly kann noch nicht so gut lesen. Sie liest: POPVORSTELLUNG. ,,Hurra, Bennie. Popmusik! Da gehen wir hin", ruft sie. Sie kämpfen um ein Plätzchen auf der zweiten Reihe. ,,He, pfui", sagt sie, ,,es gibt zuerst noch ein Puppenspiel." Und ja, im Puppenspiel schlägt Kasperle Kathrin mit einem langen Brot. Alle Puppen schlagen sich gegenseitig um die Ohren, und die Kinder finden es gar nicht komisch. Sie machen einen solchen Lärm, daß man nicht mal verstehen kann, was die Puppen sagen. ,,WIR WOLLEN POPMUSIK. WIR WOLLEN POPMUSIK", schreien Bennie und Elly, und sie stampfen mit den Füßen auf den Boden. Dann stürmt Elly zu dem Puppenspiel. ,,Du, dies macht doch keinen Spaß", ruft sie. ,,Kümmere dich um deine eigenen Angelegenheiten", zischt ein kleiner Junge. Aber Elly macht einfach weiter. ,,Wir werden selbst eine richtige Popvorstellung geben", ruft sie. ,,Dies ist ja nichts." Sie greift einen Elefanten und ein Krokodil, und läßt die beiden tanzen und singen: ,,Ai lov ju, bibabelu." Und: ,,Santa Maria, meine Schwester heißt Mia."
Alle Kinder machen mit, und es wird ein tolles Fest. Und so haben Bennie und Elly für 50 Pfennig doch noch einen richtigen Popnachmittag. ,,Du, das war toll", sagt Elly seufzend am Schluß. ,,Einfach Klasse, die Popvorstellung."

Die Geschichte vom beschenkten Nikolaus

von Alfons Schweiggert

Einmal kam der heilige Nikolaus am 6. Dezember zum kleinen Klaus. Er fragte ihn: »Bist du im letzten Jahr auch brav gewesen?«
Klaus antwortete: »Ja, fast immer.«
Der Nikolaus fragte: »Kannst du mir auch ein schönes Gedicht aufsagen?«
»Ja«, sagte Klaus.

>»Lieber, guter Nikolaus,
>du bist jetzt bei mir zu Haus,
>bitte leer die Taschen aus,
>dann laß ich dich wieder raus.«

Der Nikolaus sagte: »Das hast du schön gemacht.«
Er schenkte dem Klaus Äpfel, Nüsse, Mandarinen und Plätzchen.
»Danke«, sagte Klaus.

»Auf Wiedersehen«, sagte der Nikolaus. Er drehte sich um und wollte gehen.
»Halt«, rief Klaus.
Der Nikolaus schaute sich erstaunt um: »Was ist?« fragte er.
Da sagte Klaus: »Und was ist mit dir? Warst du im letzten Jahr auch brav?«
»So ziemlich«, antwortete der Nikolaus.
Da fragte Klaus: »Kannst du mir auch ein schönes Gedicht aufsagen?«
»Ja«, sagte der Nikolaus.

>»Liebes, gutes, braves Kind,
>draußen geht ein kalter Wind,
>koch mir einen Tee geschwind,
>daß ich gut nach Hause find.«

»Wird gemacht«, sagte Klaus.
Er kochte dem Nikolaus einen heißen Tee. Der Nikolaus schlürfte ihn und aß dazu Plätzchen. Da wurde ihm schön warm. Als er fertig war, stand er auf und ging zur Türe. »Danke für den Tee«, sagte er freundlich.
»Bitte, gerne geschehen«, sagte Klaus. »Und komm auch nächstes Jahr vorbei, dann beschenken wir uns wieder.«
»Natürlich, kleiner Nikolaus«, sagte der große Nikolaus und ging hinaus in die kalte Nacht.

DEZEMBER

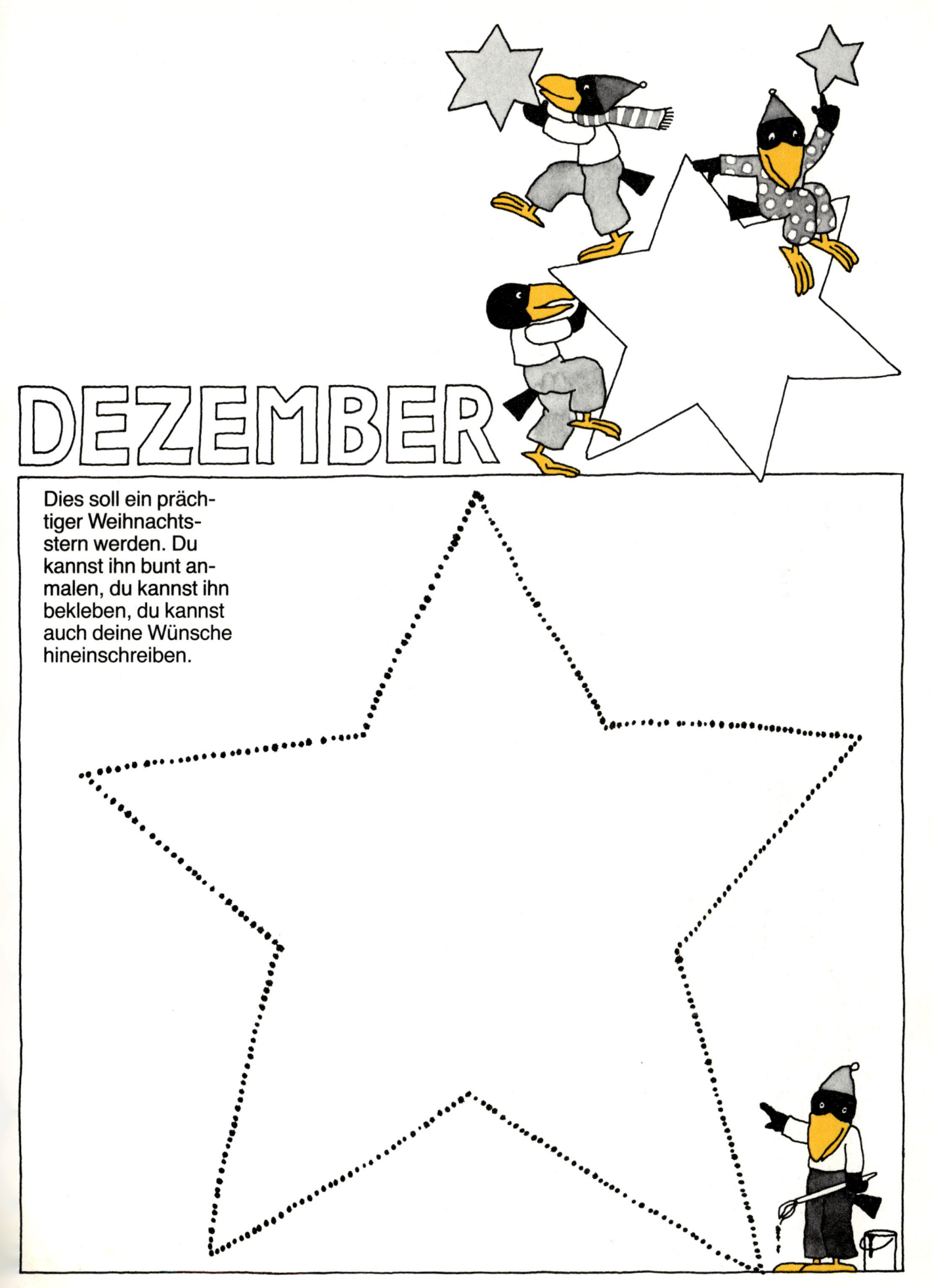

Dies soll ein prächtiger Weihnachtsstern werden. Du kannst ihn bunt anmalen, du kannst ihn bekleben, du kannst auch deine Wünsche hineinschreiben.

Zauber-Zapfen

Das ist keine Zauberei!

Das kannst du einmal ausprobieren! Vielleicht hast du ja irgendwo in deinen gesammelten Schätzen noch einen großen Zapfen.

In die geöffneten Zapfen streust du Gras-, Kresse- oder Weizensamen. Wenn der Zapfen nicht gut steht, steck ihn in einen Blumentopf mit Erde.

Nun mußt du den Zapfen ab und zu begießen, dann sprießt er nach einer Weile.

Das sieht doch ganz witzig aus, oder?

Vielleicht möchtest du so einen Zapfen zu Weihnachten verschenken?

Advents-Abfahrt

In jeden Schlitten kannst du eine Überraschung füllen, denn jeder ist aus einer Streichholzschachtel gebastelt. Die Weihnachtsmänner und Engel sind aus Flaschenkorken oder Papierröllchen. Sie haben Mäntel und Mützen aus rotem Papier oder Flügel aus Transparentpapier. Styroporkugeln werden als Köpfe aufgeklebt. Vielleicht schaffst du es ja zusammen mit Freunden, 24 Schlitten zu basteln? Dann hast du einen schönen Kalender zum Verschenken oder für dich selbst.

Ein Bär feiert Weihnachten

von Stephen Gammell

Als der Herbstwind die letzten Blätter von den Bäumen fegte, trottete der Bär auf seinem gewohnten Pfad nach Hause. Er wollte sich zum Winterschlaf niederlegen. Doch den ganzen Winter durchzuschlafen – das hatte er diesmal nicht vor.

»Ist doch wahr«, sagte er, als er die Tür seiner Behausung öffnete. »Jetzt habe ich es schon sieben Jahre hindurch versäumt, dabei habe ich gehört, daß es eine fröhliche, selige Zeit sein soll. Ich aber liege immer im Bett. Nun, in diesem Jahr wird das anders. Ich habe einen Entschluß gefaßt. Anstatt durchzuschlafen, steh ich zu Weihnachten auf!«

Er richtete sich sein Bett zum Schlafen, stellte den Wecker ein und blies die Kerze aus. Dann kuschelte er sich unter die Decke.

»Bin neugierig«, gähnte er, »was ich sehe, wenn ich aufwache. Na ja, hoffentlich wird's schön, das Weihnachtsfe...«

Und da schlief er auch schon.

Die Wochen vergingen. Im Wald wurde es stiller und stiller. Das einzige, was man hörte, war der Wind, der bei Tag säuselnd, bei Nacht pfeifend durch die kahlen Äste strich.

Eines Nachmittags kam der Schnee. Zuerst leis und sacht, dann in immer dichteren Flocken. Bald war so gut wie alles im Wald unter einer Schneedecke begraben. Ja, der Schnee reichte fast bis zum Fenster der Bärenwohnung.

Der Bär merkte von alldem nichts. Er schlief. Eines Nachmittags, draußen war tiefer Winter, weckte ihn der Wecker. Langsam setzte er sich auf und rieb sich die Augen. Und sofort fiel ihm ein, daß heute ja der Weihnachtsabend war! Er steckte die Nase aus dem Fenster. Es roch nach frisch gefallenem Schnee. Er wickelte sich den Schal um den Hals, zog dicke Fäustlinge an und ging hinaus in den Wald. Bald hatte er ein hübsches kleines Tannenbäumchen gefunden.

Wieder zu Hause, schmückte er im Schein der Kerze seinen Weihnachtsbaum.

Aus seinem Schrank holte er einen alten Strumpf und hängte ihn am Fenster auf. Und während er eine kleine Melodie vor sich hin summte, machte er es sich mit seiner Gitarre auf der Decke bequem und genoß den Abend.

*»Heut schlaf ich nicht, heut bin ich wach,
heut hab ich keine Träume!
Ich bin so froh, daß ich diesmal
die Christnacht nicht versäume!«*

Er saß noch nicht lange so da, als er an der Tür ein pochendes Geräusch vernahm. Bloß ein Ast, dachte er, den der Wind mit sich getragen hat. Doch dann hörte er es wieder. Jemand klopfte an der Tür. Bevor der Bär sich erheben konnte, ging die Tür auf.

»Guten Abend, Bär. Ich habe Licht bei dir gesehen. Du hast doch nichts dagegen, wenn ich mich ein wenig aufwärme?«

Höchst erfreut über den unerwarteten Besucher stand der Bär auf und bat den Fremden mit einer einladenden Bewegung hereinzukommen.

»Tritt nur ein, Fremder. Du mußt ja entsetzlich frieren. Hier drinnen ist es warm. Komm, setz dich hier auf die Decke. Ich spiele ein bißchen Gitarre und betrachte meinen Weihnachtsbaum. Wenn du nicht gleich weiter mußt, dann bleib doch ein Weilchen hier.«

Also setzten sich die beiden hin, plauderten über Schnee und Wind und genossen den Weihnachtsabend.

Schließlich erhob sich der kleine Mann, dem jetzt wieder warm war, und sagte, er müsse nun wirklich gehen.

»Vielen Dank für alles, lieber Bär. Es war sehr schön bei dir und hat mir richtig Freude bereitet.«

Der Bär stand in der Tür, sah ihm nach, wie er durch den Wald davonstapfte, und dachte, wie schön es doch gewesen war,

Besuch zu haben. Da drehte sich sein Freund um und rief:
»Komm, Bär, und fahr mit. Es wäre schön, wenn du mir Gesellschaft leisten könntest.«
Eine Fahrt! Noch dazu am Weihnachtsabend! Der Bär griff schnell nach Schal und Fäustlingen und rannte durch den tiefen Schnee zu dem großen Schlitten, der wartend dastand.
Der kleine Schlittenlenker drehte sich um, als der Bär das Gefährt erreichte.
»Steig auf und halt dich fest. Vor dem Morgen bist du wieder zu Hause.«
Der Bär wickelte sich in die große Reisedecke ein und ließ sich in den Sitz fallen. Bevor er sagen konnte: »Es kann losgehen«, ging's auch schon los – und schnurstracks hinauf in den Sternenhimmel.
»Oh, was für Weihnachten!« rief der Bär in die Schneenacht hinein. »So viel Glück und Freude habe ich noch nie gehabt. Es wäre schön, zu wissen, daß heute jeder so viel Glück und Freude hat wie ich. Vor allem aber bin ich glücklich darüber, dich kennengelernt zu haben. Lieber Freund, warum nehmen wir uns nicht vor, jedes Jahr miteinander zu fahren?«
Inzwischen ging ihr Flug durch Nacht und wirbelnden Schnee weiter. Und der kleine Reisegefährte des Bären ließ ein lautes, weithin schallendes Lachen hören:
»Ho-ho-ho-ho-ho!«

Bärentatzen

Du brauchst: (3 Eßlöffel Butter, 1 Ei, 3 Eßlöffel Honig, 3 Eßlöffel Sirup) 2 Tassen Mehl, 1 Teelöffel Backpulver, 1 Teelöffel Zimt, 1 Becher Yoghurt, 2 Eßlöffel Preisselbeeren

1. Alle Zutaten, die oben in Klammern stehen ( ) werden miteinander vermischt.

2. Mehl + Backpulver mischen und löffelweise dazugeben.

3. Zimt einstreuen, Yoghurt und Preisselbeeren unterrühren.

4. Den Teig in Papierförmchen füllen. Pro Förmchen einen Eßlöffel.

5. Die Förmchen in den Backofen stellen und 20 Minuten bei 200° Grad backen.

Pinguine

Die Pinguine gehören zu den Vögeln, die nicht fliegen können. Schwimmen aber können sie schnell und wendig. Die Flügel benutzen sie im Wasser wie Ruder, mit den Füßen steuern sie. Sie fressen Fische und kleine Meerestiere. An Land watscheln sie aufrecht oder sie rutschen auf dem Bauch. Sie leben auf der südlichen Halbkugel der Erde, an der Spitze des südamerikanischen Kontinents und in der Antarktis in ewigem Eis und Schnee. Nester bauen sie nicht. Die Eier werden zwischen zusammengescharrte Steine gelegt und ausgebrütet. Geduldig warten die jungen Pinguine, die noch flaumige Federn haben, daß ihnen Futter gebracht wird.

Kikou und das fliegende Rentier

Kikou

Kikou, der Schornsteinfeger, macht sich gerade sein Abendessen. Er hat sich die Sachen angezogen, die er letztes Jahr vom Weihnachtsmann bekommen hat.

Was ist das für ein Lärm?

Brooumm rrooumm

Wer kommt da durch den Kamin? Mit den Füßen voran?

»Pluff! Ich bin's nur«, sagt der Weihnachtsmann lachend – »Und meine Stiefel sind voll Suppe!«

Dann guckt er auf die Liste, wo die Namen aller Kinder draufstehen.

122

»Überall hab' ich gesucht, von Caracas bis Timbuktu. Aber das Mädchen, das Amanda heißt, habe ich nicht gefunden.«

»Sieh selbst, hier steht es: A-MAN-DA. Wie soll ich ihr bloß das Geschenk geben?«

Kikou sagt: »Amanda? Ich kenne sie nicht. Aber ich werde ihren Schornstein schon finden.«

Und gleich schwingt er sich auf das fliegende Rentier.

Alle Kinder hat er gefunden: Sophie, Meltem, Carlos ... alle, nur eines nicht. Amanda.

Kikou und das fliegende Rentier

Kikou ist traurig. Er setzt sich an den Wegrand, um sich auszuruhen.

Da hört er ein feines Stimmchen: »Mein Herr, kannst Du uns helfen«, sagt das kleine Mädchen, »unser Pferd ist davongelaufen, wir können nicht weiterreisen.«

Ein Wohnwagen ist im Sumpf steckengeblieben. Kikou schiebt, so fest er kann. Aber er rutscht aus, und das Geschenk landet im Graben.

Da kommt der Vater zurück, ohne das Pferd. Und das kleine Mädchen weint: »Alles geht schief!«

Aber Kikou hat eine Idee.

Er spannt das fliegende Rentier vor den Wagen.

»Vielen Dank«, sagt der Vater, »und Du, kleine Amanda, worauf wartest Du? Bedank Dich auch!« Da ruft Kikou: »Das ist sie!!!«

»Du bist die kleine Amanda, die ich gesucht habe. Aber Dein Geschenk habe ich jetzt verloren.«

»Aber warte, behalte das fliegende Rentier als Weihnachtsgeschenk.«

Und seitdem sieht man manchmal auf den Straßen einen Wohnwagen. Der schaukelt und rüttelt blitzschnell an dir vorbei. Gezogen wird er von Kikous fliegendem Rentier.

Ende

Inhaltsverzeichnis

	Seite		Seite
Meine Seite	2	Über der Erde – unter der Erde	62
Mein Januar-Blatt	3	Kinderzaziki	64
Es hat geschneit	4	Schwimmende Insel	65
Doktor Allwissend	6	Das möchte ich auch	66
Auf dem Dachboden	8	Der Mond fährt mit der Straßenbahn	68
Tief in meinem Kuschelnest	10	Die Feder	70
Würfel-Zauber-Verse	11	Mein Juli-Blatt	71
Die Rodelpartie	12	Seifenblasen	72
Schneehase	13	Sommerfest	74
Die Geschichte vom Wintermond	14	Das Pantoffelmännchen	76
Mein Februar-Blatt	15	Bunte Blume	78
Das möchte ich auch	16	Eisbär	79
Apfelringe	18	Rette sich wer kann	80
Murmeltier	19	Mein August-Blatt	81
Wo geht's lang?	20	Frische Fische	82
Mäusemaske	21	Kürbis	84
Wer hat die schönste Nase?	22	Wiesengeist	85
Eine Ziege stand auf einem Stein	24	Der Tausendfüßler	86
Herr Noah	25	Ponys	87
Gelogen, Glück gehabt	26	Kommt die Mittagszeit herbei	88
Elefanten	27	Mein September-Blatt	89
Mahlzeit	28	Im Badezimmer	90
Mein März-Blatt	29	Katze, Hund und Mäusefranz	92
Vergißmeinnicht	30	Die Maus ist doch kein Luftballon	94
Rezept	31	Mein Oktober-Blatt	95
Die Tiere kamen zwei und zwei...	32	Schnuppernasengesicht	96
Jahrmarktfest	34	Haselmaus	97
Montags beim Tierarzt	36	Wandertag nach Paderborn	98
Ameise	37	Das möchte ich auch	100
Gewimmel im Ameisenhaufen	38	Das Geisterschloß	102
Mein April-Blatt	39	Schloß Gipsholm	103
Osterjolle	40	Mein November-Blatt	104
Der tolpatschige Osterhase	41	Igel	105
Osterhase	42	Die Schattenhexe kommt	106
Ein schönes Leben für die kleine Henne	44	Traust du dich nachts zum Zauberbaum	107
Rhabarbersirup	46	Ein Elefant mit Bauchweh	108
Wildkatze	47	Hier stimmt was nicht!	110
Abzählverse	48	Ich reibe meine Nase	111
Mein Mai-Blatt	49	Das möchte ich auch	112
Die beiden Ziegen	50	Die Geschichte vom beschenkten Nikolaus	114
Mimosa und die Kreidemännchen	51	Mein Dezember-Blatt	115
Maikäfer flieg	54	Zauber-Zapfen	116
Maikäfer	55	Advents-Abfahrt	117
Großes Erfindertreffen	56	Ein Bär feiert Weihnachten	118
Löwenzahn	58	Bärentatzen	120
Ballbuden-Boxer	59	Pinguine	121
Schwan	60	Kikou und das fliegende Rentier	122
Mein Juni-Blatt	61		

„spielen und lernen"-Jahrbuch '84
Herausgegeben von der Zeitschrift „spielen und lernen"
© 1983 by Velber Verlag GmbH, 3016 Seelze 6
Alle Rechte vorbehalten · Printed in Germany
ISBN 3-921187-01-x

Redaktion: Klaus Ruhl (für den Inhalt verantwortlich),
Detlef Kersten, Hermann Krekeler, Sabine Lohf, Sibylle Sailer.

Gestaltung: Sabine Lohf
Einbandbild: Irmgard Eberhard
Sekretariat: Editha Wegner

Mitarbeiter: Ben Behnke, Johannes Borer, Niggi Bräuning, Erhard Dietl, Irmgard Eberhard, Jule Ehlers-Juhle, Fritz Goller, Christian Kämpf, Detlef Kersten, Sabine Lohf, Paul Maar, Rolf Rettich, Roswitha Sachse, Renate Seelig, Friedel Schmidt, Uta Schmitt, Susanne Stöcklin-Meyer, Tjong King, Claudia Toll, Jürgen Wulff.

Offsetreproduktionen: Walter Bohm GmbH + Co., 1000 Berlin 61
Gesamtherstellung: westermann druck, 3300 Braunschweig

Fotonachweise: Limbrunner/Prenzel (Schneehase S. 13), Naturfoto/Fischer-Nagel (Murmeltier S. 19, Höckerschwan S. 60, Pony S. 87, Haselmaus S. 97, Igel S. 105), Pfletschinger/Angermayer (Ameise S. 37), Spönlein/Lindenburger (Wildkatze S. 47), Reinhard-Tierfoto (Maikäfer S. 55), Andy Bernhaut/Bavaria (Eisbär S. 79), Bert Leidmann/Bavaria (Elefanten S. 27), Thiele/Prenzel (Pinguin S. 121).

Quellennachweise: „Doktor Allwissend" von den Brüdern Grimm, Doppelseiten „Dachboden" und „Badezimmer" von Irmgard Eberhard aus „Hier bin ich Zuhause" © Otto Maier Verlag, Ravensburg, „Tief in meinem Kuschelnest", Text: Nortrud Boge-Erli, Melodie + © Dorothee Kreusch-Jacob, „Würfel-Zauber-Verse" von Paul Maar © Autor, „Die Rodelpartie" und „Seifenblasen" aus: Richard Bletschacher, „Der Mond liegt auf dem Fensterbrett", © 1982 Österreichischer Bundesverlag und Georg Bitter Verlag Recklinghausen, „Die Geschichte vom Wintermond" aus: Alfons Schweiggert „Geschichtenbuch", © Georg Lentz Verlag München, „Hier gehe ich hin" und „Da steh ich drauf", sämtliche von The Tjong King, aus „bobo", Oberon BV, Haarlem/Niederlande, S. 24 + S. 88 von Helme Heine aus „Ich lieb dich trotzdem immer" © Gertraud Middelhauve Verlag Köln, „Herr Noah" von Dorothee Kreusch-Jacob aus „Das Liedmobil" © Autorin, „Gelogen" und „Glück gehabt" von Josef Guggenmos © Autor, „Mahlzeit" von Friedl Hofbauer-Kauer aus „Sprachbastelbuch" © Autorin, „Rezept" von Gina Ruck-Pauquet und „Die Feder" von Joachim Ringelnatz aus H. J. Gelberg, Hrsg., „Die Stadt der Kinder" © Georg Bitter Verlag Recklinghausen 1982, „Der tolpatschige Osterhase" von Heinrich Hannover aus „Das Pferd Huppdiwupp", alle deutschen Rechte durch Agentur Liepmann AG Zürich, „Ein schönes Leben für die kleine Henne" von Barbara Bartos-Höppner aus dem gleichnamigen Buch (dtv 7517) © Deutscher Taschenbuch Verlag München, Illustration von Tilman Michalski, „Abzählverse" von Janosch aus „Rate mal wer suchen muß" © Parabel Verlag Feldafing, „Die beiden Ziegen" und „Der Tausendfüßler" aus „Das Musik-Spiel-Mobil" von Klaus Hoffmann, © Verlag pläne Dortmund, „Mimosa und die Kreidemännchen" und „Kikou und das fliegende Rentier" aus „pomme d'api" © Bayard-Presse Paris, „Der Mond fährt mit der Straßenbahn" von Wolfgang Bittner, © Autor, „Das Pantoffelmännchen" von Manfred Kyber aus „Gesammelte Tiergeschichten, © 1972 Rowohlt Verlag GmbH Reinbek b. Hamburg, „Frische Fische" Illustrationen von Irmgard Eberhard, Text von Ursel Scheffler aus „Auf dem Markt", © Otto Maier Verlag Ravensburg, „Katze, Hahn und Mäusefranz" von Jürgen Wulff aus dem gleichnamigen Buch © Stalling Verlag Oldenburg, „Schuppernasengesicht" von Hans Manz © Autor, „Wandertag nach Paderborn" von Janosch aus „Schnuddelbuddel baut ein Haus" (dtv 7510) © Deutscher Taschenbuch Verlag München, „Das Geisterschloß" von Josef Guggenmos, © Autor, „Die Schattenhexe kommt..." von Susanne Stöcklin-Meier aus „Sprechen und Spielen", © Otto Maier Verlag Ravensburg, „Ein Elefant mit Bauchweh" von Margret Rettich, © Autorin, „Ich reibe meine Nase" von Dorothee Kreusch-Jacob aus „Das Liedmobil", © Autorin, „Die Geschichte vom beschenkten Nikolaus" von Alfons Schweiggert aus „Geschichtenbuch", © Georg Lentz Verlag München, „Ein Bär feiert Weihnachten" aus dem gleichnamigen Buch von Stephen Gammell © Annette Betz Verlag Wien.

Liebe Kinder!
Hat Euch dieses Jahrbuch gefallen? Und möchtet Ihr das nächste auch haben? Fragt Eure Eltern, vielleicht schenken sie Euch das Jahrbuch 1985. Wie das bestellt werden kann, steht auf der Postkarte.

Ja, und wenn Euch die Cassette gefallen hat, vielleicht kreuzen Eure Eltern die Cassette für 1985 ja mit an. Tschüss!

PS: Blättert einmal um. Auf der Rückseite seht Ihr noch etwas, das Euch gefallen könnte.

Nächste Seite schon gelesen? Dort gibt es ein farbiges Raben-Poster gratis!

Ja!

Bitte senden Sie mir folgendes:
(Stückzahl eintragen oder Gewünschtes ankreuzen).

○ »spielen + lernen«-Jahrbuch '85 zum günstigen Preis von DM 22,80

○ »spielen + lernen«-Kinderkalender 1985/86 zum günstigen Preis von DM 16,80

○ »spielen + lernen«-MusiCassette '85 zum günstigen Preis von DM 16,80

Garantie:
Sollte mir das Jahrbuch / der Kalender / die MusiCassette nicht zusagen, kann ich die Sendung ohne Angabe von Gründen innerhalb von 14 Tagen zurückschicken.

Name_____ Vorname_____

Straße_____

PLZ_____ Ort_____

Datum_____ Unterschrift_____

Liebe Kinder!

Ich bin die Hampelkatze aus dem »spielen+lernen«-Kalender 1985/86. Das ist ein Spiel- und Bastelkalender, in dem gleich 2 Kalender auf einmal stecken. Der eine Kalender hat 12 bunte Blätter zum Basteln und Spielen. Der zweite Kalender hat auch 12 Blätter, die Ihr selber fertigmalen könnt.

Und was ganz schön ist: Ihr könnt Euren selbstgemachten Kalender am Ende des Jahres verschenken; denn er hat ein Kalendarium für das nächste Jahr!
Laßt Euch einmal überraschen!

PS:
Blättert einmal um.
Auf der Rückseite seht Ihr noch etwas, das Euch auch gefallen könnte.

Gratis-Poster

In dieses lustige Raben-Poster können Sie Geburtstage, Feste und Ferientermine eintragen. Sie erhalten es kostenlos, wenn Sie das »spielen + lernen«-Jahrbuch, den »spielen + lernen«-Kinderkalender oder die »spielen + lernen«-MusiCassette bestellen.

Antwort-Postkarte

Bitte mit 60 Pf freimachen, falls Marke zur Hand.

Das Raben-Poster ist super! 54×40 cm groß, mit ganz vielen bunten Raben!

Velber Verlag GmbH
Im Brande 15

3016 Seelze 6

I _ _ _   H _ _ _ _   _ _ _ _   E